Todos los libros de Linkgua Ediciones cuentan con modelos de Inteligencia Artificial entrenados por hispanistas. Pregúntale al chat de tu libro lo que desees acerca de la obra o su autor/a.

Para ebooks: Accede a nuestro modelo de IA a través de este enlace.

Para libros impresos: Escanea el código QR de la portada con tu dispositivo móvil.

Obtén análisis detallados de nuestros libros, resúmenes, respuestas a tus preguntas y accede a nuestras ediciones críticas generativas para una experiencia de lectura más enriquecedora.
La transparencia y el respeto hacia la autoría de las fuentes utilizadas son distintivos básicos de nuestro proyecto. Por ello, las respuestas ofrecen, mediante un sistema de citas, las fuentes con las que han sido elaboradas.

Francisco de Quevedo y Villegas

Poemas

Barcelona **2024**
Linkgua-ediciones.com

Créditos

Título original: Poemas.

© 2024, Red ediciones S.L.

e-mail: info@linkgua-ediciones.com

Diseño de cubierta: Michel Mallard.

ISBN tapa dura: 978-84-9816-934-8.
ISBN rústica: 978-84-9816-212-7.
ISBN ebook: 978-84-9816-935-5.

Sumario

Brevísima presentación

La vida

Francisco de Quevedo y Villegas (Madrid, 1580-Villanueva de los Infantes, Ciudad Real, 1645). España.

Hijo de Pedro Gómez de Quevedo, noble y secretario de una hija de Carlos V y de la reina Ana de Austria. Francisco de Quevedo estudió con los jesuitas en Madrid, y luego en las universidades de Alcalá (lenguas clásicas y modernas) y Valladolid (teología). Tras su regreso a Madrid tuvo la protección del duque de Osuna, con quien viajó a Sicilia en 1613. Osuna fue nombrado virrey de Nápoles y Quevedo ocupó su secretaría de hacienda y participó en misiones políticas contra Venecia promovidas por su protector. Cuando éste cayó en desgracia Quevedo sufrió destierro y prisión, pero regresó a la corte tras la muerte de Felipe III. Durante años tuvo buenas relaciones con Felipe IV, aunque no consiguió ganarse la simpatía de su favorito, el conde-duque de Olivares. Se especula que dejó bajo la servilleta del monarca el memorial contra Olivares titulado «Católica, sacra, real Majestad», lo que motivó su detención en 1639. Se cree, en cambio, que terminó en un calabozo del convento de San Marcos de León, donde estuvo hasta 1643, víctima de una conspiración.

Murió en Villanueva de los Infantes.

Los poemas

A sus veinticinco años fueron incluidos varios poemas de Quevedo en la antología de Pedro Espinosa *Flores de poetas ilustres* (1605). La primera edición de sus versos fue publicada póstumamente por Jusepe González de Salas con el título de *El Parnaso español, monte en dos cumbres dividido, con las nueve musas castellanas* (1648). En 1670 un sobrino de Quevedo, Pedro Aldrete y Villegas, publicó su obra lírica en *Las tres últimas musas castellanas*. Quevedo fue la figura más célebre del conceptismo. Fue adversario de Luis de Góngora y de los culteranos, a quienes ridiculizó en varios poemas y en los opúsculos de crítica literaria *La culta latiniparla* (1629) y *La aguja de navegar cultos* (1631).

Sonetos

Con ejemplos muestra a Flora la brevedad de la hermosura, para no malograrla

La mocedad del año, la ambiciosa
Vergüenza del jardín, el encarnado
Oloroso rubí, tiro abreviado,
También del año presunción hermosa:

La ostentación lozana de la rosa,   5
Deidad del campo, estrella del cercado,
El almendro en su propria flor nevado,
Que anticiparse a los calores osa:

Reprensiones son, ¡oh Flora!, mudas
De la hermosura y la soberbia humana,   10
Que a las leyes de flor está sujeta.

Tu edad se pasará mientras lo dudas,
De ayer te habrás de arrepentir mañana,
Y tarde, y con dolor, serás discreta.

Compara el discurso de su amor con el de un arroyo

Torcido, desigual, blando y sonoro,
Te resbalas secreto entre las flores,
Hurtando la corriente a los calores,
Cano en la espuma, y rubio como el oro.

En cristales dispensas tu tesoro,   5
Líquido plectro a rústicos amores,
Y templando por cuerdas ruiseñores,
Te ríes de crecer, con lo que lloro.

De vidro en las lisonjas divertido,
Gozoso vas al monte, y despeñado   10
Espumoso encaneces con gemido.

No de otro modo el corazón cuitado,
A la prisión, al llanto se ha venido,
Alegre, inadvertido y confiado.

Amante que hace lección para aprender a amar de maestros irracionales

Músico llanto en lágrimas sonoras
Llora monte doblado en cueva fría,
Y destilando líquida armonía,
Hace las peñas cítaras canoras.

Ameno y escondido a todas horas,   5
En mucha sombra alberga poco día:
No admite su silencio compañía,
Solo a ti, solitario, cuando lloras.

Son tu nombre, color, y voz doliente,
Señas más que de pájaro, de amante: 10
Puede aprender dolor de ti un ausente.

Estudia en tu lamento y tu semblante
Gemidos este monte y esta frente:
Y tienes mi dolor por estudiante.

Amante desesperado del premio y obstinado en amar

Qué perezosos pies, que entretenidos
Pasos lleva la muerte por mis daños;
El camino me alargan los engaños
Y en mí se escandalizan los perdidos.

Mis ojos no se dan por entendidos,   5
Y por descaminar mis desengaños,
Me disimulan la verdad los años
Y les guardan el sueño a los sentidos.

Del vientre a la prisión vine en naciendo,
De la prisión iré al sepulcro amando,   10
Y siempre en el sepulcro estaré ardiendo.

Cuantos plazos la muerte me va dando
Prolijidades son, que va creciendo,
Porque no acabe de morir penando.

Exhorta a los que amaren, que no sigan los pasos por donde ha hecho su viaje

    Cargado voy de mí, veo delante
Muerte, que me amenaza la jornada:
Ir porfiando por la senda errada
Más de necio será que de constante.

    Si por su mal me sigue necio amante   5
(que nunca es sola suerte desdichada),
¡ay!, vuelva en sí, y atrás, no dé pisada
Donde la dio tan ciego caminante.

    Ved cuán errado mi camino ha sido;
Cuán solo y triste y cuán desordenado,   10
Que nunca así le anduvo pie perdido:

    Pues por no desandar lo caminado,
Viendo delante y cerca fin temido,
Con pasos, que otros huyen, le he buscado.

A una dama que apago una bujía, y la volvió a encender en el humo soplando

La lumbre, que murió de convencida
Con la luz de tus ojos, y apagada,
Por si en el humo se mostró enlutada,
Exequias de tu llama ennegrecida.

Bien pudo blasonar su corta vida,   5
Que la venció beldad tan alentada,
Que con el firmamento en estacada
Rubrica en cada rayo una herida.

Tú, que la diste muerte, ya piadosa
De tu rigor, con ademán travieso   10
La restituyes vida más hermosa.

Resucitola un soplo tuyo impreso
En humo, que en tu boca es milagrosa,
Aura que nace con facción de beso.

Afectos varios de su corazón, fluctuando en las ondas de los cabellos de Lisi

En crespa tempestad del oro undoso
Nada golfos de luz ardiente y pura
Mi corazón, sediento de hermosura,
Si el cabello deslazas generoso.

Leandro en mar de fuego proceloso   5
Su amor ostenta, su vivir apura;
Ícaro en senda de oro mal segura
Arde sus alas por morir glorioso.

Con pretensión de fénix encendidas
Sus esperanzas, que difuntas lloro,   10
Intenta que su muerte engendre vidas.

Avaro y rico, y pobre en el tesoro,
El castigo y la hambre imita a Midas,
Tántalo en fugitiva fuente de oro.

Conoce las fuerzas del tiempo, y el ser ejecutivo cobrador de la muerte

¡Cómo de entre mis manos te resbalas!
¡Oh, cómo te deslizas, edad mía!
¡Qué mudos pasos traes, oh muerte fría,
Pues con callado pie todo lo igualas!

Feroz de tierra el débil muro escalas,   5
En quien lozana juventud se fía;
Mas ya mi corazón del postrer día
Atiende el vuelo, sin mirar las alas.

¡Oh condición mortal! ¡Oh dura suerte!
¡Que no puedo querer vivir mañana,   10
Sin la pensión de procurar mi muerte!

¡Cualquier instante de la vida humana
Es nueva ejecución, con que me advierte
Cuán frágil es, cuán mísera, cuán vana.

A Aminta, que teniendo un clavel en la boca, por morderle se mordió los labios, y salió sangre

Bastábale al clavel verse vencido
Del labio en que se vio, cuando esforzado
Con su propia vergüenza lo encarnado,
A tu rubí se vio más parecido.

Sin que en tu boca hermosa dividido   5
Fuese de blancas perlas granizado,
Pues tu enojo, con él equivocado,
El labio por clavel dejó mordido.

Si no cuidado de la sangre fuese,
Para que a presumir de tiria grana,   10
De tu púrpura líquida aprendiese.

Sangre vertió tu boca soberana,
Porque roja victoria amaneciese,
Llanto al clavel, y risa a la mañana.

A Apolo, siguiendo a Dafne

Bermejazo Platero de las cumbres
A cuya luz se espulga la canalla:
La ninfa Dafne, que se afufa y calla,
Si la quieres gozar, paga y no alumbres.

Si quieres ahorrar de pesadumbres,   5
Ojo del Cielo, trata de compralla:
En confites gastó Marte la malla,
Y la espada en pasteles y en azumbres.

Volvióse en bolsa Júpiter severo,
Levantóse las faldas la doncella   10
Por recogerle en lluvia de dinero.

Astucia fue de alguna Dueña Estrella,
Que de Estrella sin Dueña no lo infiero:
Febo, pues eres Sol, sírvete de ella.

A Dafne, huyendo de Apolo

«Tras vos un Alquimista va corriendo,
Dafne, que llaman Sol ¿y vos, tan cruda?
Vos os volvéis murciégalo sin duda,
Pues vais del Sol y de la luz huyendo.

»Él os quiere gozar a lo que entiendo   5
Si os coge en esta selva tosca y ruda,
Su aljaba suena, está su bolsa muda,
El perro, pues no ladra, está muriendo.

»Buhonero de signos y Planetas,
Viene haciendo ademanes y figuras   10
Cargado de bochornos y Cometas.»

Esto la dije, y en cortezas duras
De Laurel se ingirió contra sus tretas,
Y en escabeche el Sol se quedó a oscuras.

A la huerta del duque de Lerma, favorecida y ocupada muchas veces del señor rey don Felipe III, y olvidada hoy de igual concurso

Yo vi la grande y alta jerarquía
Del Magno, invicto y santo Rey Tercero
En esta casa, y conocí Lucero
Al que en sagradas Púrpuras ardía.

Hoy, desierta de tanta Monarquía   5
Y del Nieto, magnánimo heredero,
Yace; pero arde en glorias de su acero,
Como en la pompa que ostentar solía.

Menos envidia teme aventurado
Que venturoso: el Mérito procura,   10
Los Premios aborrece escarmentado.

¡Oh amable, si desierta Arquitectura,
Más hoy, al que te ve desengañado,
Que cuando frecuentada en tu ventura!

A la mar

La voluntad de Dios por grillos tienes,
Y escrita en la arena, ley te humilla;
Y por besarla llegas a la orilla,
Mar obediente, a fuerza de vaivenes.

En tu soberbia misma te detienes,   5
Que humilde eres bastante a resistilla;
A ti misma tu cárcel maravilla,
Rica, por nuestro mal, de nuestros bienes.

¿Quién dio al pino y la haya atrevimiento
De ocupar a los peces su morada,   10
Y al Lino de estorbar el paso al viento?

Sin duda el verte presa, encarcelada,
La codicia del oro macilento,
Ira de Dios al hombre encaminada.

A la violenta e injusta prosperidad

Ya llena de sí solo la litera
Matón, que apenas anteyer hacía
(flaco y magro malsín) sombra, y cabía,
Sobrando sitio, en una ratonera.

Hoy, mal introducida con la esfera   5
Su casa, al Sol los pasos le desvía,
Y es tropezón de estrellas; y algún día,
Si fuera más capaz, pocilga fuera.

Cuando a todos pidió, le conocimos;
No nos conoce cuando a todos toma;   10
Y hoy dejamos de ser lo que ayer dimos.

Sóbrale tanto cuanto falta a Roma;
Y no nos puede ver, porque le vimos:
Lo que fue esconde; lo que usurpa asoma.

A las sillas de manos, cuando acompañadas de muchos gentileshombres

Ya los pícaros saben en Castilla
Cuál mujer es pesada y cuál liviana,
Y los bergantes sirven de Romana
Al cuerpo que con más diamantes brilla.

Ya llegó a Tabernáculo la silla,   5
Y cristalina el hábito profana
De la custodia, y temo que mañana
Añadirá a las hachas campanilla.

Al Trono en correones las banderas
Ceden en hacer gente, pues que toda   10
La juventud ocupan en hileras.

Una Silla es pobreza de una boda,
Pues empeñada en oro y vidrieras,
Antes la honra que el chapín se enloda.

A Lope de Vega

Las fuerzas, Peregrino celebrado,
Afrentará del tiempo y del olvido
El libro que, por tuyo, ha merecido
Ser del uno y del otro respetado.

Con lazos de oro y yedra acompañado,   5
El laurel con tu frente está corrido
De ver que tus escritos han podido
Hacer cortos los premios que te ha dado.

La invidia su verdugo y su tormento
Hace del nombre que cantando cobras,   10
Y con tu gloria su martirio crece.

Mas yo disculpo tal atrevimiento,
Si con lo que ella muerde de tus obras
La boca, lengua y dientes enriquece.

A un amigo que retirado de la Corte pasó su edad

Dichoso tú, que alegre en tu cabaña,
Mozo y viejo espiraste la aura pura,
Y te sirven de cuna y sepultura,
De paja el techo, el suelo de espadaña.

En esa soledad que libre baña   5
Callado Sol con lumbre más segura,
La vida al día más espacio dura,
Y la hora sin voz te desengaña.

No cuentas por los Cónsules los años;
Hacen tu calendario tus cosechas;   10
Pisas todo tu mundo sin engaños.

De todo lo que ignoras te aprovechas;
Ni anhelas premios ni padeces daños,
Y te dilatas cuanto más te estrechas.

A un juez mercadería

Las leyes con que juzgas, ioh Batino!,
Menos bien las estudias que las vendes;
Lo que te compran solamente entiendes;
Más que Jasón te agrada el Vellocino.

El humano derecho y el divino,   5
Cuando los interpretas, los ofendes,
Y al compás que la encoges o la extiendes,
Tu mano para el fallo se previno.

No sabes escuchar ruegos baratos,
Y solo quien te da te quita dudas;   10
No te gobiernan textos, sino tratos.

Pues que de intento y de interés no mudas,
O lávate las manos con Pilatos,
O, con la bolsa, ahórcate con Judas.

A un tratado impreso que un hablador espeluznado de prosa hizo en culto

Leí los rudimentos de la Aurora,
Los esplendores lánguidos del día,
La Pira y el construye y ascendía,
Y lo purpurizante de la hora,

El múrice y el Tirio y el colora,   5
El Sol cadáver cuya luz yacía,
Y los borrones de la sombra fría,
Corusca Luna en ascua que el Sol dora,

La piel del Cielo cóncavo arrollada,
El trémulo palor de enferma Estrella,   10
La fuente de cristal bien razonada.

Y todo fue un entierro de doncella,
Doctrina muerta, letra no tocada,
Luces y flores, grita y zacapella.

A una adúltera

Solo en ti, Lesbia, vemos que ha perdido
El adulterio la vergüenza al cielo,
Pues que tan claramente y tan sin velo
Has los hidalgos huesos ofendido.

Por Dios, por ti, por mí, por tu marido,   5
Que no sepa tu infamia todo el suelo:
Cierra la puerta, vive con recelo,
Que el pecado nació para escondido.

No digo yo que dejes tus amigos,
Mas digo que no es bien que sean notados   10
De los pocos que son tus enemigos.

Mira que tus vecinos, afrentados,
Dicen que te deleitan los testigos
De tus pecados más que tus pecados.

Admírase de que Flora, siendo todo fuego y luz, sea toda hielo

    Hermosísimo invierno de mi vida,
Sin estivo calor constante yelo,
A cuya nieve da cortés el cielo
Púrpura en tiernas flores encendida;

    Esa esfera de luz enriquecida,   5
Que tiene por estrella al dios de Delo,
¿cómo en la elemental guerra del suelo
Reina de sus contrarios defendida?

    Eres Scitia de l'alma que te adora,
Cuando la vista, que te mira, inflama;   10
Etna, que ardientes nieves atesora.

    Sí lo frágil perdonas a la fama,
Eres al vidro parecida, Flora,
Que siendo yelo, es hijo de la llama.

Advertencia a España de que así como se ha hecho Señora de muchos, así será de tantos enemigos envidiada y perseguida, y necesita de continua prevención por esa causa

Un Godo, que una cueva en la Montaña
Guardó, pudo cobrar las dos Castillas;
Del Betis y Genil las dos orillas,
Los Herederos de tan grande hazaña.

A Navarra te dio justicia y maña;   5
Y un casamiento, en Aragón, las Sillas
Con que a Sicilia y Nápoles humillas,
Y a quien Milán espléndida acompaña.

Muerte infeliz en Portugal arbola
Tus castillos; Colón pasó los godos   10
Al ignorado cerco de esta Bola;

Y es más fácil, oh España, en muchos modos,
Que lo que a todos les quitaste sola,
Te puedan a ti sola quitar todos.

Advierte con su peligro a los que leyeren sus llamas

Si fuere que después, al postrer día
Que negro y frío sueño desatare
Mi vida, se leyere o se cantare
Mi fatiga en amar, la pena mía,

Cualquier que de talante hermoso fía   5
Serena libertad, si me escuchare,
Si en mi perdido error escarmentare,
Deberá su quietud a mi porfía.

Atrás se queda, Lisi, el sexto año
De mi suspiro: yo, para escarmiento   10
De los que han de venir, paso adelante.

¡Oh en el Reino de Amor huésped extraño!
Sé docto con la pena y el tormento
De un ciego y sin ventura fiel amante.

Advierte el llanto fingido y el verdadero con el afecto de la codicia

Lágrimas alquiladas del Contento
Lloran difunto al padre y al marido;
Y el perdido caudal ha merecido
Solamente verdad en el lamento.

Codicia, no razón ni entendimiento,   5
Gobierna los afectos del sentido:
Quien pierde hacienda dice que ha perdido,
No el que convierte en logro el monumento.

Los sacrosantos bultos adorados
Ven sus muslos raídos por el oro,   10
Sus barbas y cabellos arrancados.

Y el ser los Dioses masa de tesoro,
Los tiene al fuego y cuño condenados,
Y al Tonante fundido en Cisne y Toro.

Agradece, en Alegoría continuada, a sus trabajos su desengaño, y su escarmiento

¡Qué bien me parecéis, jarcias y entenas,
Vistiendo de naufragios los Altares,
Que son peso glorioso a los pilares,
Que esperé ver tras mi destierro apenas!

Símbolo sois de ya rotas cadenas   5
Que impidieron mi vuelta en largos mares;
Mas bien podéis, santísimos Lugares,
Agradecer mis Votos en mis penas.

No tanto me alegrárades con hojas
En los robles antiguos, remos graves,   10
Como colgados en el Templo, y rotos.

Premiad con mi escarmiento mis congojas;
Usurpe al Mar mi nave muchas naves;
Débanme el desengaño los Pilotos.

Al ambicioso valimiento que siempre anhela a subir más

Descansa, mal perdido en alta cumbre,
Donde a tantas alturas te prefieres;
Si no es que acocear las nubes quieres,
Y en la región del fuego beber lumbre.

Ya te padece, grave pesadumbre, 5
Tu ambición propria; peso y carga eres
De la Fortuna, en que viviendo mueres:
¡y esperas que podrá mudar costumbre!

El vuelo de las águilas que miras
Debajo de las alas con que vuelas, 10
En tu caída cebaran sus iras.

Harto crédito has dado a las cautelas.
¿Cómo puedes lograr a lo que aspiras,
Si, al tiempo de expirar, soberbio anhelas?

Amor que, sin detenerse en el afecto sensitivo, pasa al intelectual

    Mandome, ¡ay Fabio!, que la amase Flora
Y que no la quisiese, y mi cuidado
Obediente, y confuso, y mancillado,
Sin desearla, su belleza adora.

    Lo que el humano afecto siente, y llora,   5
Goza el entendimiento amartelado
Del espíritu eterno, encarcelado
En el claustro mortal que le atesora.

    Amar es conocer virtud ardiente;
Querer es voluntad interesada,   10
Grosera, y descortés caducamente.

    El cuerpo es tierra, y lo será, y fue nada;
De Dios procede a eternidad la mente,
Eterno amante soy de eterna amada.

En vano busca la tranquilidad en el amor

A fugitivas sombras doy abrazos,
En los sueños se cansa el alma mía;
Paso luchando a solas noche y día,
Con un trasgo que traigo entre mis brazos.

Cuando le quiero más ceñir con lazos,   5
Y viendo mi sudor se me desvía,
Vuelvo con nueva fuerza a mi porfía,
Y temas con amor me hacen pedazos.

Voyme a vengar en una imagen vana,
Que no se aparta de los ojos míos;   10
Búrlame, y de burlarme corre ufana.

Empiézola a seguir, fáltanme bríos,
Y como de alcanzarla tengo gana,
Hago correr tras ella el llanto en ríos.

Definiendo el amor

Es hielo abrasador, es fuego helado,
Es herida, que duele y no se siente,
Es un soñado bien, un mal presente,
Es un breve descanso muy cansado.

Es un descuido, que nos da cuidado,   5
Un cobarde, con nombre de valiente,
Un andar solitario entre la gente,
Un amar solamente ser amado.

Es una libertad encarcelada,
Que dura hasta el postrero parasismo,   10
Enfermedad que crece si es curada.

Este es el niño Amor, este es tu abismo:
Mirad cuál amistad tendrá con nada,
El que en todo es contrario de sí mismo.

A la edad de las mujeres

De quince a veinte es niña; buena moza
De veinte a veinticinco, y por la cuenta
Gentil mujer de veinticinco a treinta.
¡Dichoso aquel que en tal edad la goza!

De treinta a treinta y cinco no alboroza;   5
Mas puédese comer con sal pimienta;
Pero de treinta y cinco hasta cuarenta
Anda en vísperas ya de una coroza.

A los cuarenta y cinco es bachillera,
Ganguea, pide y juega del vocablo;   10
Y cumplidos los cincuenta, da en santera,

Y a los cincuenta y cinco echa el retablo.
Niña, moza, mujer, vieja, hechicera,
Bruja y santera, se la lleva el diablo.

Retrato de Lisi que traía en una sortija

En breve cárcel traigo aprisionado,
Con toda su familia de oro ardiente,
El cerco de la luz resplandeciente,
Y grande imperio del amor cerrado.

Traigo el campo que pacen estrellado   5
Las fieras altas de la piel luciente,
Y a escondidas del cielo y del Oriente,
Día de luz y parto mejorado.

Traigo todas las Indias en mi mano,
Perlas que en un diamante por rubíes   10
Pronuncian con desdén sonoro hielo;

Y razonan tal vez fuego tirano,
Relámpagos de risa carmesíes,
Auroras, gala y presunción del cielo.

Amor constante más allá de la muerte

Cerrar podrá mis ojos la postrera
Sombra, que me llevaré el blanco día;
Y podrá desatar esta alma mía
Hora, a su afán ansioso linsojera;

Mas no de esotra parte en la ribera   5
Dejará la memoria en donde ardía;
Nadar sabe mi llama la agua fría,
Y perder el respeto a ley severa:

Alma a quien todo un Dios prisión ha sido,
Venas que humor a tanto fuego han dado,   10
Medulas que han gloriosamente ardido,

Su cuerpo dejarán, no su cuidado;
Serán ceniza, mas tendrán sentido.
Polvo serán, mas polvo enamorado.

Lamentación amorosa y postrero sentimiento del amante

No me aflige morir, no he rehusado
Acabar de vivir, ni he pretendido
Alargar esta muerte, que ha nacido
A un tiempo con la vida y el cuidado.

Siento haber de dejar deshabitado   5
Cuerpo que amante espíritu ha ceñido,
Desierto un corazón siempre encendido
Donde todo el amor reinó hospedado.

Señas me da mi ardor de fuego eterno,
Y de tan larga congojosa historia   10
Solo será escritor mi llanto tierno.

Lisi, estame diciendo la memoria,
Que pues tu gloria la padezco infierno,
Que llame al padecer tormentos gloria.

Persevera en la exageración de su afecto amoroso y en el exceso de su padecer

En los claustros del alma la herida
Yace callada; mas consume hambrienta
La vida, que en mis venas alimenta
Llama las medulas extendida.

Bebe el ardor hidrópica mi vida,   5
Que ya ceniza amante y macilenta,
Cadáver del incendio hermoso, ostenta
Su luz en humo y noche fallecida.

La gente esquivo, y me es horror el día;
Dilato en largas voces negro llanto,   10
Que a sordo mar mi ardiente pena envía.

A los suspiros di la voz del canto,
La confusión inunda l'alma mía:
Mi corazón es reino del espanto.

Prosigue en el mismo estado de sus afectos

Amor me ocupa el seso y los sentidos:
Absorto estoy en éxtasi amoroso,
No me concede tregua ni reposo
Esta guerra civil de los nacidos.

Explayose el raudal de mis gemidos   5
Por el grande distrito, y doloroso
Del corazón, en su penar dichoso,
Y mis memorias anegó en olvidos;

Todo soy ruinas, todo soy destrozos,
Escándalo funesto a los amantes,   10
Que fabrican de lástima sus gozos.

Los que han de ser y los que fueron antes,
Estudien su salud en mis sollozos,
Y envidien mi dolor, si son constantes.

A Roma, sepultada en sus ruinas

    Buscas en Roma a Roma, ¡oh peregrino!,
Y en Roma misma a Roma no la hallas:
Cadáver son las que ostentó murallas,
Y tumba de sí propio el Aventino.

    Yace, donde reinaba el Palatino;   5
Y limadas del tiempo las medallas,
Más se muestran destrozo a las batallas
De las edades, que blasón latino.

    Solo el Tíber quedó, cuya corriente,
Si ciudad la regó, ya sepoltura   10
La llora con funesto son doliente.

    ¡Oh Roma!, en tu grandeza, en tu hermosura
Huyó lo que era firme, y solamente
Lo fugitivo permanece y dura.

A la fiesta de toros y cañas en el Buen Retiro, en día de grande nieve

Llueven calladas aguas en vellones
Blancos las nubes mudas; pasa el día,
Mas no sin majestad en sombra fría,
Y mira el Sol, que esconde, en los balcones.

No admiten el invierno corazones   5
Asistidos de ardiente valentía;
Que influye la española monarquía
Fuerza igualmente en toros y rejones.

El blasón de Jarama, humedecida
Y ardiendo la ancha frente en torva saña,   10
En sangre vierte la purpúrea vida.

Y lisonjera al grande rey de España
La tempestad, en nieve oscurecida,
Aplaudió al brazo, al fresno y a la caña.

Memoria inmortal de don Pedro Girón, duque de Osuna

Faltar pudo su patria al grande Osuna,
Pero no a su defensa sus hazañas;
Diéronle muerte y cárcel las Españas,
De quien él hizo esclava la fortuna.

Lloraron sus invidias una a una   5
Con las propias naciones las extrañas:
Su tumba son de Flandes las campañas,
Y su epitafio la sangrienta Luna.

En sus exequias encendió al Vesubio
Parténope, y Trinacria al Mongibelo;   10
El llanto militar creció en diluvio.

Diole el mejor lugar Marte en su cielo;
La Mosa, el Rin, el Tajo y el Danubio
Murmuran con dolor su desconsuelo.

Al rey don Felipe IV, en ocasión de haber salido en un día muy lluvioso a jugar cañas, y haberse serenado luego el cielo

Aquella frente augusta, que corona
Cuanto el mar cerca, cuanto el Sol abriga,
Pues lo que no gobierna lo castiga
Dios, con no sujetarlo a su persona;

Pudo, vistiendo a Flora y a Pomona,　　　　　5
Mandar que el tiempo sus colores siga,
Haciendo que él invierno se desdiga
De los hielos y nieves que blasona.

Pudo al Sol, que al diciembre volvió mayo,
Volverle de envidioso al occidente　　　　　10
La luz con ceño, él oro con desmayo.

Correr galán, y fulminar valiente
Pudo; la caña en él, ser flecha y rayo;
Pudo Lope cantarle solamente.

Séneca vuelve a Nerón la riqueza que le había dado

Esta miseria gran señor, honrosa,
De la humana ambición alma dorada;
Esta pobreza ilustre acreditada,
Fatiga dulce, y inquietud preciosa;

Este metal de la color medrosa,   5
Y de la fuerza contra todo osada,
Te vuelvo, que alta dádiva invidiada
Enferma la fortuna más dichosa.

Recíbelo, Nerón, que en docta historia,
Más será recibirlo que fue darlo,   10
Y más seguridad en mí el volverlo:

Pues juzgarán, y te será más gloria,
Que diste oro a quien supo despreciarlo,
Para mostrar que supo merecerlo.

Respuesta de Nerón a Séneca, no admitiéndole lo que le volvía

Séneca, el responder hoy de repente
A tu razonamiento prevenido,
Gloria es de tu enseñanza, que ha podido
Formar mi lengua contra ti elocuente.

A lo que yo te debo, aun no es decente   5
Eso, que de mi mano has recibido;
Y para lo que a mí me debo, ha sido
Empezar a premiarte escasamente.

Quieres a costa de la fama mía,
Que alaben tu modestia y tu templanza,   10
Y que acusen mi avara hidropesía.

El premio, pues, debido a mi enseñanza
Goza, porque el volvérmelo este día,
Y no admitirle yo, nos sea alabanza.

Burla de los que con dones quieren granjear del cielo pretensiones injustas

Para comprar los hados más propicios,
Como si la deidad vendible fuera,
Con el toro mejor de la ribera
Ofreces cautelosos sacrificios.

Pides felicidades a tus vicios;   5
Para tu nave rica y usurera,
Viento tasado, y onda lisonjera,
Mereciéndole al golfo precipicios.

Porque exceda a la cuenta tu tesoro,
A tu ambición, no a Júpiter engañas,   10
Que él cargó las montañas sobre el oro.

Y cuando l'ara en sangre humosa bañas,
Tú miras las entrañas de tu toro,
Y Dios está mirando tus entrañas.

Llama a la muerte

Ven ya, miedo de fuertes y de sabios,
Dirá la alma indignada con gemido
Debajo de las sombras, y el olvido
Beberán por demás mis secos labios.

Por tal manera Curios, Decios, Fabios   5
Fueron: por tal ha de ir cuanto ha nacido;
Si quieres ser a alguno bien venido,
Trae con mi vida fin a mis agravios.

Esta lágrima ardiente con que miro
El negro cerco, que rodea mis ojos,   10
Naturaleza es, no sentimiento.

Con el aire primero este suspiro
Empecé, y hoy le acaban mis enojos,
Porque me deba todo al monumento.

Repite la fragilidad de la vida y señala sus engaños y sus enemigos

¿Qué otra cosa es verdad, sino pobreza,
En esta vida frágil y liviana?
Los dos embates de la vida humana,
Desde la cuna son honra y riqueza.

El tiempo, que ni vuelve ni tropieza,   5
En horas fugitivas la devana;
Y en errado anhelar, siempre tirana,
La fortuna fatiga su flaqueza.

Vive muerte callada y divertida
La vida misma; la salud es guerra   10
De su propio alimento combatida.

¡Oh cuánto el hombre inadvertido yerra,
Que en tierra teme que caerá la vida,
Y no ve que en viviendo cayó en tierra!

Pide a Dios le dé lo que le conviene con sospecha de sus propios deseos

Un nuevo corazón, un hombre nuevo
Ha menester, Señor, la ánima mía,
Desnúdame de mí, que ser podría
Que a tu piedad pagase lo que debo.

Dudosos pies por ciega noche llevo,   5
Que ya he llegado a aborrecer el día,
Y temo que hallaré la muerte fría
Envuelta en (bien que dulce) mortal cebo.

Tu hacienda soy, tu imagen, Padre, he sido,
Y si no es tu interés, en mí no creo,   10
Que otra cosa defiende mi partido.

Haz lo que pide verme cual me veo;
No lo que pido yo, pues de perdido,
Recato mi salud de mi deseo.

Sobre las propias palabras de San Marcos, aconsejando a los reyes imiten en esta acción a Cristo

Llámanle rey, y véndanle los ojos,
Y quieren que adivine, y que no vea;
Cetro le dan, que el viento le menea;
La corona, de juncos y de abrojos.

Con tales ceremonias y despojos,   5
Quiere su rey el reino de Judea:
Que mande en caña, que dolor posea,
Y que ciego padezca sus enojos.

Mas el Señor, que en vara bien armada
De hierro su gobierno justo cierra,   10
Muestra en su amor clemencia coronada.

La paz compra a su pueblo con su guerra,
En sí gasta las puntas, y la espada;
Aprended de Él los que regís la tierra.

Refiere cuán diferentes fueron las acciones de Cristo Nuestro Señor y de Adán

Adán en Paraíso, vos en huerto,
él puesto en honra, vos en agonía,
él duerme, y vela mal su compañía,
La vuestra duerme, vos oráis despierto.

Él cometió el primero desconcierto,   5
Vos concertaste nuestro primer día,
Cáliz bebéis, que vuestro Padre envía,
él come inobediencia, y vive muerto.

El sudor de su rostro le sustenta,
El del vuestro mantiene nuestra gloria,   10
Suya la culpa fue, vuestra la afrenta.

Él dejó error, y vos dejáis memoria,
Aquel fue engaño ciego, y esta venta.
¡Cuán diferente nos dejáis la historia!

Inscripción de la estatua del césar Carlos V en Aranjuez

Las selvas hizo navegar, y el viento
Al cáñamo en sus velas respetaba,
Cuando, cortés, su anhélito tasaba
Con la necesidad del movimiento.

Dilató su victoria el vencimiento   5
Por las riberas que el Danubio lava;
Cayó África ardiente, gimió esclava
La falsa religión en fin sangriento.

Vio Roma en la desorden de su gente,
Si no piadosa, ardiente valentía,   10
Y de España, rumor sosegó ausente:

Retiró a Solimán, terror de Hungría,
Y por ser retirada más valiente,
Se retiró a sí mismo el postrer día.

Por más poderoso que sea el que agravia, deja armas para la venganza

Tú, ya, ¡oh ministro!, afirma tu cuidado,
En no injuriar al mísero y al fuerte;
Cuando le quites oro y plata, advierte,
Que le dejas el hierro acicalado.

Dejas espada y lanza, al desdichado;   5
Y poder y razón, para vencerte:
No sabe pueblo ayuno temer muerte,
Armas quedan al pueblo despojado.

Quien ve su perdición cierta, aborrece
Más que su perdición, la causa della,   10
Y esta, no aquella, es más quien le enfurece.

Ama su desnudez y su querella
Con desesperación, cuando le ofrece
Venganza del rigor, quien lo atropella.

Moralidad útil contra los que hacen adorno propio de la ajena desnudez

Desabrigan en altos monumentos
Cenizas generosas, por crecerte;
Y altas ruinas, de que te haces fuerte,
Más te son amenaza, que cimientos.

De venganzas del tiempo, de escarmientos,   5
De olvidos, y desprecios de la muerte,
De túmulo funesto, osas hacerte
árbitro de los mares y los vientos.

Recuerdos y no alcázares fábricas;
Otro vendrá después, que de sus torres   10
Alce en tus huesos fábricas más ricas.

De ajenas desnudeces te socorres,
Y procesos de mármol multiplicas;
Temo que con tu llanto el suyo borres.

En la muerte de Cristo, contra la dureza del corazón del hombre

Pues hoy derrama noche el sentimiento
Por todo el cerco de la lumbre pura,
Y amortecido el Sol en sombra oscura,
Da lágrimas al fuego, y voz al viento.

Pues de la muerte el negro encerramiento   5
Descubre con temblor la sepoltura,
Y el monte, que embaraza la llanura
Del mar cercano se divide atento.

De piedra es hombre duro, de diamante
Tu corazón, pues muerte tan severa   10
No anega con tus ojos tu semblante.

Mas no es de piedra, no, que si lo fuera,
De lástima de ver a Dios amante,
Entre las otras piedras se rompiera.

Las piedras hablan con Cristo y dan la razón que tuvieron para romperse

Si dádivas quebrantan peñas duras,
La de tu sangre nos quebranta y mueve,
Que en larga copia de tus venas llueve,
Fecundo amor en tus entrañas puras.

Aunque sin alma somos criaturas,   5
A quien por alma tu dolor se debe,
Viendo que el día pasa oscuro y breve,
Y que el Sol mira en él horas oscuras.

Sobre piedra tu Iglesia fabricaste,
Tanto el linaje nuestro ennobleciste,   10
Que, Dios y hombre, piedra te llamaste.

Pretensión de ser pan nos diferiste,
Y si a la tentación se lo negaste,
Al Sacramento en Ti lo concediste.

Represéntase la brevedad de lo que se vive, y cuán nada parece lo que se vivió

¡Ah de la vida! ¿Nadie me responde?
Aquí de los antaños, que he vivido:
La fortuna mis tiempos ha mordido,
Las horas mi locura las esconde.

¡Que sin poder saber cómo ni adónde   5
La salud y la edad se hayan huido!
Falta la vida, asiste lo vivido,
Y no hay calamidad que no me ronde.

Ayer se fue, Mañana no ha llegado,
Hoy se está yendo sin parar un punto;   10
Soy un fue y un será y un es cansado.

En el Hoy y Mañana y Ayer junto
Pañales y mortaja, y he quedado
Presentes sucesiones de difunto.

Significase la propia brevedad de la vida, sin pensar y con padecer salteada de la muerte

Fue sueño ayer, mañana será tierra:
Poco antes nada, y poco después humo;
Y destino ambiciones y presumo,
Apenas junto al cerco que me cierra.

Breve combate de importuna guerra,   5
En mi defensa soy peligro sumo:
Y mientras con mis armas me consumo,
Menos me hospeda el cuerpo, que me entierra.

Ya no es ayer, mañana no ha llegado,
Hoy pasa y es, y fue, con movimiento   10
Que a la muerte me lleva despeñado.

Azadas son la hora y el momento,
Que a jornal de mi pena y mi cuidado,
Cavan en mi vivir mi monumento.

Enseña cómo todas las cosas avisan de la muerte

Miré los muros de la patria mía,
Si un tiempo fuertes, ya desmoronados,
De la carrera de la edad cansados,
Por quien caduca ya su valentía.

Salime al campo, vi que el Sol bebía   5
Los arroyos del hielo desatados;
Y del monte quejosos los ganados,
Que con sombras hurtó su luz al día.

Entré en mi casa: vi que amancillada
De anciana habitación era despojos;   10
Mi báculo más corvo, y menos fuerte.

Vencida de la edad sentí mi espada,
Y no hallé cosa en que poner los ojos
Que no fuese recuerdo de la muerte.

Descuido del divertido vivir a quien la muerte llega impensada

Vivir es caminar breve jornada,
Y muerte viva es, Lico, nuestra vida,
Ayer al frágil cuerpo amanecida,
Cada instante en el cuerpo sepultada.

Nada, que siendo, es poco, y será nada   5
En poco tiempo, que ambiciosa olvida;
Pues de la vanidad mal persuadida,
Anhela duración, tierra animada.

Llevada de engañoso pensamiento,
Y de esperanza burladora y ciega,   10
Tropezará en el mismo monumento.

Como el que divertido el mar navega,
Y sin moverse vuela con el viento,
Y antes que piense en acercarse, llega.

A Flori, que tenía unos claveles entre el cabello rubio

Al oro de tu frente unos claveles
Veo matizar, cruentos, con heridas;
Ellos mueren de amor, y a nuestras vidas
Sus amenazas les avisan fieles.

Rúbricas son piadosas, y crueles,   5
Joyas facinorosas, y advertidas,
Pues publicando muertes florecidas,
Ensangrientan al Sol rizos doseles.

Mas con tus labios quedan vergonzosos
(que no compiten flores a rubíes)   10
Y pálidos después, de temerosos.

Y cuando con relámpagos te ríes
De púrpura, cobardes, si ambiciosos,
Marchitan sus blasones carmesíes.

Finge dentro de sí un infierno, cuyas penas procura mitigar, como Orfeo, con la música de su canto, pero sin provecho

A todas partes que me vuelvo, veo
Las amenazas de la llama ardiente,
Y en cualquiera lugar tengo presente
Tormento esquivo y burlador deseo.

La vida es mi prisión, y no lo creo;   5
Y al son del hierro, que perpetuamente
Pesado arrastro, y humedezco ausente,
Dentro mi proprio, pruebo a ser Orfeo.

Hay en mi corazón furias y penas,
En él es el amor fuego, y tirano,   10
Y yo padezco en mí la culpa mía.

¡Oh dueño sin piedad, que tal ordenas!
Pues del castigo de enemiga mano
No es precio, ni rescate la armonía.

Descripción del ardor canicular, que respeta el llanto enamorado y no le enjuga

Ya la insana canícula ladrando
Llamas, cuece las mieses, y en hervores
De frenética luz los labradores
Ven a Proción los campos abrasando.

El piélago encendido está exhalando   5
Al Sol humos en traje de vapores;
Y en el cuerpo la sangre y los humores
Discurren, sediciosos fulminando.

Bébese sin piedad la sed del día
En las fuentes, y arroyos, y en los ríos,   10
La risa, y el cristal, y la armonía.

Solo del llanto de los ojos míos
No tiene el Can Mayor hidropesía,
Respetando el tributo a tus desvíos.

Amor no admite compañía de competidor, así como el reinar

No admiten, no, Floralva, compañía,
Amor y majestad siempre triunfante:
Solo ha de ser el rey, solo el amante,
Humos tiene el favor de monarquía.

El padre ardiente de la luz del día,   5
No permite que muestre su semblante
Estrella presumida y centelleante,
En cuanto reina en la región vacía.

Amor es rey tan grande, que aprisiona
En vasallaje el cielo, el mar, la tierra,   10
Y única y sola majestad blasona.

Todo su amor un corazón lo cierra,
La soledad es paz de su corona;
La compañía, sedición y guerra.

Filosofía con que intenta probar que a un mismo tiempo puede un sujeto amar a dos

Si de cosas diversas la memoria
Se acuerda, y lo presente y lo pasado,
Juntos la alivian y la dan cuidado,
Y en ella son confines pena y gloria,

Y si al entendimiento igual vitoria   5
Concede inteligible lo criado;
Y a nuestra libre voluntad es dado
Numerosa elección, y transitoria:

Amor, que no es potencia solamente,
Sino la omnipotencia padecida   10
De cuanto sobre el suelo vive, y siente:

¿por qué con dos incendios una vida
No podrá fulminar su luz ardiente
En dos diversos astros encendida?

Artificiosa evasión de la muerte, si valiera

Pierdes el tiempo, muerte, en mi herida,
Pues quien no vive no padece muerte;
Si has de acabar mi vida, has de volverte
A aquellos ojos, donde está mi vida.

Al sagrado en que habita retraída,   5
Aun siendo sin piedad, no has de atreverte;
Que serás vida, si llegase a verte,
Y quedarás de ti desconocida.

Yo soy ceniza que sobró a la llama;
Nada, dejó por consumir el fuego,   10
Que en amoroso incendio se derrama.

Vuélvete al miserable, cuyo ruego,
Por descansar en su dolor, te llama,
Que lo que yo no tengo, no lo niego.

Compara al Etna con las propiedades de su amor

Ostentas de prodigios coronado,
Sepulcro fulminante, monte aleve,
Las hazañas del fuego y de la nieve,
Y el incendio en los yelos hospedado.

Arde el invierno en llamas erizado,   5
Y el fuego lluvias, y granizos bebe;
Truena, si gimes: si respiras, llueve,
En cenizas tu cuerpo derramado.

Si yo no fuera a tanto mal nacido,
No tuvieras, ioh Etna!, semejante,   10
Fueras hermoso monstruo sin segundo.

Mas como en alta nieve ardo encendido,
Soy Encelado vivo, y Etna amante,
Y ardiente imitación de ti en el mundo.

No se disculpa, como los necios amantes, de atreverse a amar; antes persuade a ser superior hermosura, la que no permite resistencia para ser amada

No si no fuera yo, quien solamente
Tuviera libertad después de veros;
Fuerza, no atrevimiento, fue el quereros,
Y presunción penar tan altamente.

Osé menos dichoso que valiente;   5
Supe, si no obligaros, conoceros:
Y ni puedo olvidaros ni ofenderos,
Que nunca puro amor fue delincuente.

No desdeña gran mar fuente pequeña,
Admite el Sol en su familia de oro,   10
Llama delgada, pobre y temerosa;

Ni humilde y baja exhalación desdeña.
Esto alegan las lágrimas que lloro,
Esto mi ardiente llama generosa.

Exageraciones de su fuego, de su llanto, de sus suspiros y de su pena

Si el abismo, en diluvios desatado
Hubiera todo el fuego consumido;
El que enjuga mis venas, mantenido
De mi sangre, le hubiera restaurado.

Si el día, por Faetón descaminado,   5
Hubiera todo el mar y aguas bebido,
Con el piadoso llanto que he vertido,
Las hubieran mis ojos renovado.

Si las legiones todas de los vientos
Guardar Ulises en prisión pudiera,   10
Mis suspiros sin fin otros formaran.

Si del infierno todos los tormentos,
Con su música Orfeo suspendiera,
Otros mis penas nuevos inventaran.

Los vanos y poderosos, por defuera resplandecientes, y dentro pálidos y tristes

Si las mentiras de fortuna, Licas,
Te desnudas, veraste reducido
A sola tu verdad, que en alto olvido,
Ni sigues, ni conoces, ni platicas.

Esas larvas espléndidas y ricas,   5
Que abultan tus gusanos con vestido
En el veneno tirio recocido,
Presto vendrán a tu soberbia chicas.

¿Qué tienes, si te tienen tus cuidados?
¿Qué puedes, si no puedes conocerte?   10
¿Qué mandas, si obedeces tus pecados?

Furias del oro habrán de poseerte,
Padecerás tesoros mal juntados,
Desmentirá tu presunción la muerte.

Al oro, considerándole en su origen y después en su estimación

Este metal, que resplandece ardiente,
Y tanta invidia en poco bulto encierra,
Entre las llamas renunció la tierra,
Ya no conoce al risco por pariente.

Fundido ostenta brazo omnipotente,   5
Horror, que a la ciudad prestó la sierra,
Descolorida paz, preciosa guerra,
Veneno de la aurora y del poniente.

Este en dineros ásperos cortado,
Orbe pequeño, al hombre le compite   10
Los blasones de ser mundo abreviado.

Pálida ley que todo lo permite,
Caudal perdido cuanto más guardado,
Sed, que no en la abundancia se remite.

Desengaño de la exterior apariencia con el examen interior y verdadero

¿Miras este gigante corpulento
Que con soberbia y gravedad camina?
Pues por de dentro es trapos y fajina,
Y un ganapán le sirve de cimiento.

Con su alma vive y tiene movimiento,   5
Y adonde quiere su grandeza inclina,
Mas quien su aspecto rígido examina,
Desprecia su figura y ornamento.

Tales son las grandezas aparentes
De la vana ilusión de los tiranos,   10
Fantásticas escorias eminentes.

¿Veslos arder en púrpura, y sus manos
En diamantes y piedras diferentes?
Pues asco dentro son, tierra y gusanos.

A un retrato de don Pedro Girón, duque de Osuna, que hizo Guido Boloñés, armado, y grabadas de oro las armas

Vulcano las forjó, tocolas Midas,
Armas, en que otra vez a Marte cierra;
Rígidas con el precio de la sierra
Y en el rubio metal descoloridas.

Al ademán siguieron las heridas   5
Cuando su brazo estremeció la tierra;
No las prestó el pincel: diolas la guerra;
Flandes las vio sangrientas y temidas.

Por lo que tienen del Girón de Osuna,
Saben ser apacibles los horrores,   10
Y en ellas es carmín la tracia Luna.

Fulminan sus semblantes vencedores;
Asistió al Arte, en Guido, la Fortuna,
Y el lienzo es belicoso en los colores.

Enseña como no es rico el que tiene mucho caudal

Quitar codicia, no añadir dinero,
Hace ricos los hombres, Casimiro;
Puedes arder en púrpura de Tiro,
Y no alcanzar descanso verdadero.

Señor te llamas; yo te considero,   5
Cuando el hombre interior, que vives, miro,
Esclavo de las ansias y el suspiro,
Y de tus propias culpas prisionero.

Al asiento del alma suba el oro;
No al sepulcro del oro l'alma baje,   10
Ni la compita a Dios su precio el lodo:

Descifra las mentiras del tesoro,
Pues falta (y es del cielo este lenguaje)
Al pobre mucho, y al avaro todo.

A un amigo que retirado de la Corte pasó su edad

Dichoso tú que alegre en tu cabaña,
Mozo y viejo aspiraste la aura pura,
Y te sirven de cuna y sepoltura,
De paja el techo, el suelo de espadaña.

En esa soledad, que libre baña   5
Callado Sol con lumbre más segura,
La vida al día más espacio dura,
Y la hora sin voz te desengaña.

No cuentas por los cónsules los años,
Hacen tu calendario tus cosechas,   10
Pisas todo tu mundo sin engaños.

De todo lo que ignoras te aprovechas;
Ni anhelas premios, ni padeces daños,
Y te dilatas cuanto más te estrechas.

Exclama contra el rico, hinchado y glotón

¡Cuántas manos se afanan en Oriente
Examinando la mayor altura,
Porque en tus dedos breve coyuntura
Con todo un patrimonio está luciente!

¡Cuánta descaminada ciega gente   5
Tiene en poco del mar la saña dura,
Solo para que adorne tu locura
Rubia calamidad, púrpura ardiente!

¡Cuánto pirata de Noruega atento,
Ministro de tu gula, remontando   10
Despuebla de familia alada el viento!

¡Cuánto engaño de cáñamo anudado
Tiene el golfo, inquiriendo su elemento
Al pasto delicioso del pecado!

Que la vida es siempre breve y fugitiva

    Todo tras sí lo lleva el año breve
De la vida mortal, burlando el brío,
Al acero valiente, al mármol frío,
Que contra el tiempo su dureza atreve.

    Antes que sepa andar el pie, se mueve   5
Camino de la muerte, donde envío
Mi vida oscura; pobre y turbio río,
Que negro mar con altas ondas bebe.

    Todo corto momento es paso largo
Que doy a mi pesar en tal jornada,   10
Pues parado y durmiendo siempre aguijo.

    Breve suspiro, y último, y amargo,
Es la muerte forzosa y heredada;
Mas si es ley, y no pena, ¿qué me aflijo?

Arrepentimiento y lágrimas debidas al engaño de la vida

Huye sin percibirse lento el día,
Y la hora secreta y recatada
Con silencio se acerca, y despreciada
Lleva tras sí la edad lozana mía.

La vida nueva, que en niñez ardía,   5
Ya juventud robusta, y engañada,
En el postrer invierno sepultada,
Yace entre negra sombra y nieve fría.

No sentí resbalar mudos los años,
Hoy los lloro pasados, y los veo   10
Riyendo de mis lágrimas y daños.

Mi penitencia deba a mi deseo,
Pues me deben la vida mis engaños,
Y espero el mal que paso, y no le creo.

Representa la mentirosa y la verdadera riqueza

¿Ves con el oro áspero y pesado
Del poderoso Licas el vestido?
¿Ves el Sol por sus dedos repartido,
Y en círculos su fuego encarcelado?

¿Ves de inmortales cedros fabricado   5
Techo? ¿Ves en los jaspes detenido
El peso del palacio, ennoblecido
Con las telas que a Tiro han desangrado?

Pues no lo admires, y alta invidia guarda
Para quien de lo poco, humildemente,   10
No deseando más, hace tesoro.

No creas fácil vanidad gallarda,
Que con el resplandor y el lustre miente
Pálida sed hidrópica del oro.

Conoce la diligencia con que se acerca la muerte

Ya formidable y espantoso suena
Dentro del corazón el postrer día;
Y la última hora, negra y fría,
Se acerca, de temor y sombras llena.

Si agradable descanso, paz serena,   5
La muerte en traje de dolor envía,
Señas da su desdén de cortesía;
Más tiene de caricia que de pena.

¿Qué pretende el temor desacordado,
De la que a rescatar piadosa viene   10
Espíritu en miserias añudado?

Llegue rogada, pues mi bien previene;
Hálleme agradecido, no asustado;
Mi vida acabe, y mi vivir ordene.

Conjetura la causa de tocarse la campana de velilla, en Aragón, después de la muerte del piadoso rey don Felipe III, y muestra la diferencia con que la oirán los humanos

O el viento sabidor de lo futuro,
Clamoreó por el difunto hado;
O en doctos caracteres anudado,
Le repitió parlero gran conjuro.

Y puede ser que espíritu más puro,   5
A la advertencia humana destinado,
Pronunció penitencias al pecado
En lenguaje tan breve y tan oscuro.

Profético metal, los ciudadanos
Que de agüero y cometa son exentos,   10
A tu son bailarán por estos llanos.

En tanto que tu voz y tus acentos
Oyen descoloridos los tiranos,
Y te atienden los reyes macilentos.

Advierte contra el adulador, que lo dulce que dice no es por deleitar al que lo escucha, sino por interés propio suyo; y amenaza a quien le da crédito

Con acorde acento, o con ruidos
Músicos, ensordeces al gusano,
Para que los enojos del verano
No atienda, ni del cielo los bramidos.

No es piedad confundirle los sentidos;   5
Codicia sí, guardándole tirano,
Para que su mortaja con su mano
Hile, y en su mortaja tus vestidos.

Nació paloma, y en tu seno el vuelo
Perdió: gusano arrastra despreciado,   10
Y osas llamar tu vil cautela celo.

Tal fin tendrá cualquiera desdichado,
A quien estorba oír la voz del cielo
Con músico alboroto su pecado.

Contra los hipócritas y fingida virtud, en alegoría del cohete

No digas, cuando vieres alto el vuelo
Del cohete, en la pólvora animado,
Que va derecho al cielo encaminado,
Pues no siempre quien sube llega al cielo.

Festivo rayo, que nació del suelo: 5
En popular aplauso confiado,
Disimula el azufre aprisionado,
Traza es la cuerda, y es rebozo el vuelo.

Si le vieres en alto radiante,
Que con el firmamento y sus centellas   10
Equivoca su sitio y su semblante;

¡Oh, no le cuentes tú por una dellas!
Mira que hay fuego artificial farsante
Que es humo, y representa las estrellas.

Gustoso el autor con la soledad y sus estudios, escribió este soneto

Retirado en la paz de estos desiertos,
Con pocos, pero doctos libros juntos,
Vivo en conversación con los difuntos,
Y escucho con mis ojos a los muertos.

Si no siempre entendidos, siempre abiertos,   5
O enmiendan, o secundan mis asuntos,
Y en músicos callados contrapuntos
Al sueño de la vida hablan despiertos.

Las grandes almas, que la muerte ausenta,
De injurias de los años vengadora,   10
Libra, ¡oh gran don Josef!, docta la imprenta.

En fuga irrevocable huye la hora;
Pero aquella el mejor cálculo cuenta,
Que en la lección y estudios nos mejora.

Padece ardiendo y llorando sin que le remedie la oposición de las contrarias calidades

Los que ciego me ven de haber llorado
Y las lágrimas saben que he vertido,
Admiran de que, en fuentes dividido
O en lluvias, ya no corra derramado.

Pero mi corazón arde admirado
(porque en tus llamas, Lisi, está encendido)
De no verme en centellas repartido,
Y en humo negro y llamas desatado.

En mí no vencen largos y altos ríos
A incendios, que animosos me maltratan,
Ni el llanto se defiende de sus bríos.

La agua y el fuego en mí de paces tratan;
Y amigos son, por ser contrarios míos;
Y los dos, por matarme, no se matan.

Epitafio del duque de Osuna, con sus armas

Memoria soy del más glorioso pecho,
Que España en su defensa vio triunfante;
En mí podrás, amigo caminante,
Un rato descansar del largo trecho.

Lágrimas de soldado han deshecho   5
En mí las resistencias del diamante;
Yo cierro al que el ocaso y el levante
A su victoria dio círculo estrecho.

Estas armas viudas de su dueño,
Que visten de funesta valentía;   10
Este, si humilde, venturoso leño,

Del grande Osuna son; él las vestía,
Hasta que apresurado el postrer sueño,
Le ennegreció con noche el blanco día.

Sepulcro de Jasón el argonauta

Mi madre tuve en ásperas montañas;
Si inútil con la edad soy seco leño,
Mi sombra fue regalo a más de un sueño,
Supliendo al jornalero las cabañas.

Del viento desprecié sonoras sañas,   5
Y al encogido invierno cano ceño;
Hasta que a la segur villano dueño
Dio licencia de herirme las entrañas.

Al mar di remos, a la patria fría
De los granizos, vela; fuí ligero   10
Tránsito a la soberbia y osadía.

¡Oh amigo caminante! ¡Oh pasajero!
Dile blandas palabras este día
Al polvo de Jasón mi marinero.

Pinta el Engaño de los alquimistas

¿Podrá el vidro llorar partos de Oriente?
¿Cabrá su habilidad en los crisoles?
¿Será la Tierra adúltera a los Soles,
Por concebir de un horno siempre ardiente?

¿Destilarás en baños a Occidente?
¿Podrán lo mismo humos que arreboles?
¿Abreviarán por ti los Españoles
El precioso naufragio de su gente?

Osas contrahacer su ingenio al día;
Pretendes que le parle docta llama
Los secretos de Dios a tu osadía.

Doctrina ciega y ambiciosa fama:
El oro miente en la ceniza fría,
Y cuando le promete, le derrama.

A Aminta, que se cubrió los ojos con la mano

Lo que me quita en fuego, me da en nieve
La mano, que tus ojos me recata;
Y no es menos rigor con el que mata,
Ni menos llama su blancura mueve.

La vista presto los incendios bebe,   5
Y volcán por las venas los dilata;
Con miedo atento a la blancura trata
El pecho amante, que la siente aleve.

Si de tus ojos el ardor tirano
Le pasas por tu mano por templarle,   10
Es gran piedad del corazón humano:

Mas no de ti, que puede al ocultarle,
Pues es de nieve, derretir tu mano,
Si ya tu mano no pretende helarle.

Solicitud de su pensamiento enamorado y ausente

¿Qué buscas, porfiado pensamiento,
Ministro sin piedad de mi locura,
Invisible martirio, sombra oscura,
Fatal persecución del sufrimiento?

Si del largo camino está sediento,   5
Mi vista bebe, su corriente apura;
Si te promete albricias la hermosura,
De Lisi por mi fin, vuelve contento.

Yo muero, Lisi, preso y desterrado;
Pero si fue mi muerte la partida,   10
De puro muerto, estoy de mí olvidado.

Aquí para morir me falta vida,
Allá para vivir sobró cuidado,
Fantasma soy en penas detenida.

Que de Lisi el hermoso desdén fue la prisión de su alma libre

¿Qué importa blasonar del albedrío,
Alma, de eterna y libre tan preciada,
Si va en prisión de un ceño, y conquistada
Padece en un cabello señorío?

Nació monarca del imperio mío   5
La mente, en noble libertad criada;
Hoy en esclavitud yace amarrada
Al semblante severo de un desvío.

Una risa, unos ojos, unas manos,
Todo mi corazón y mis sentidos   10
Saquearon, hermosos y tiranos.

Y no tienen consuelo mis gemidos;
Pues ni de su vitoria están ufanos,
Ni de mi perdición compadecidos.

Prevención para la vida y para la muerte

Si no temo perder lo que poseo,
Ni deseo tener lo que no gozo,
Poco de la Fortuna en mí el destrozo
Valdrá, cuando me elija actor o reo.

Ya su familia reformó el deseo;
No palidez al susto, o risa al gozo
Le debe de mi edad el postrer trozo,
Ni anhelar a la Parca su rodeo.

Solo ya el no querer es lo que quiero;
Prendas de la alma son las prendas mías;
Cobre el puesto la muerte, y el dinero.

A las promesas miro como a espías;
Morir al paso de la edad espero:
Pues me trujeron, llévenme los días.

Inútil y débil victoria del amor, en el que ya es vencido amante

Mucho de valeroso y esforzado,
Y viéneslo a mostrar en un rendido;
Básteme, amor, haberte agradecido
Penas, de que me puedo haber quejado.

¿Qué sangre de mis venas no te he dado?   5
¿Qué flechas de tu aljaba no he sentido?
Mira, que la paciencia del sufrido
Suele vencer las armas del airado.

Con otro de tu igual quisiera verte,
Que yo me siento arder de tal manera,   10
Que mayor fuera el mal de hacerme fuerte.

¿De qué sirve encender al que es hoguera?
Si no es que quieres dar muerte a la muerte,
Introduciendo en mí que el muerto muera.

A una nariz

Érase un hombre a una nariz pegado,
Erase una nariz superlativa,
Erase una nariz sayón y escriba,
érase un peje espada muy barbado.

Era un reloj de Sol mal encarado,   5
érase una alquitara pensativa,
érase un elefante boca arriba,
Era Ovidio Nasón más narizado.

Érase un espolón de una galera,
Erase una pirámide de Egipto,   10
Las doce tribus de narices era.

Érase un naricísimo infinito,
Muchísimo nariz, nariz tan fiera,
Que en la cara de Anás fuera delito.

Mujer puntiaguda con enaguas

Si eres campana, ¿dónde está el badajo?
Si pirámide andante, vete a Egipto;
Si peonza al revés, trae sobre escrito;
Si pan de azúcar, en Motril te encajo.

Si chapitel, ¿qué haces acá abajo?   5
Si de disciplinante mal contrito
Eres el cucurucho, y el delito,
Llámente los cipreses arrendajo.

Si eres punzón, ¿por qué el estuche dejas?
Si cubilete, saca el testimonio;   10
Si eres coroza, encájate en las viejas.

Si buida visión de San Antonio,
Llámate doña Embudo con guedejas;
Si mujer, da esas faldas al demonio.

Bebe vino precioso con mosquitos dentro

Tudescos moscos de los sorbos finos,
Caspa de las azumbres más sabrosas,
Que porque el fuego tiene mariposas,
Queréis que el mosto tenga marivinos.

Aves luquetes, átomos mezquinos,   5
Motas borrachas, pájaros vinosas,
Pelusas de los vinos envidiosas,
Abejas de la miel de los tocinos.

Liendres de la vendimia, yo os admito
En mi gaznate, pues tenéis por soga   10
Al nieto de la vid, licor bendito.

Tomá en el trago hacia mi nuez la boga,
Que bebiéndoos a todos, me desquito
Del vino, que bebiste, y os ahoga.

Con la comparación de dos toros celosos, pide a Lisi no se admire del sentimiento de sus celos

¿Ves con el polvo de la lid sangrienta
Crecer el suelo y acortarse el día,
En la celosa y dura valentía
De aquellos toros, que el amor violenta?

¿No ves la sangre, que el manchado alienta?   5
¿El humo que de la ancha frente envía
El toro negro, y la tenaz porfía
En que el amante corazón ostenta?

¿Pues si la ves, ¡oh Lisi!, por qué admiras
Que, cuando amor enjuga mis entrañas   10
Y mis venas, volcán reviente en iras?

¿Son los toros capaces de sus sañas,
Y no permites, cuando a Bato miras,
Que yo ensordezca en llanto las montañas?

Continúa la significación de su amor con la hermosura que le causa, reduciéndole a doctrina platónica

    Lisi, por duplicado ardiente sirio
Miras con guerra y muerte l'alma mía;
Y en uno y otro Sol abres el día,
Influyendo en la luz dulce martirio.

    Doctas sirenas en veneno tirio   5
Con tus labios pronuncian melodía;
Y en incendios de nieve hermosa y fría,
Adora primaveras mi delirio.

    Amo y no espero, porque adoro amando;
Ni mancha al amor puro mi deseo,   10
Que cortés vive y muere idolatrando;

    Lo que conozco y no lo que poseo
Sigo, sin presumir méritos, cuando
Prefiero a lo que miro lo que creo.

Obstinado padecer sin intercadencia de alivio

Colora abril el campo que mancilla
Agudo hielo y nieve desatada
De nube oscura y yerta, y bien pintada
Ya la selva lozana en torno brilla.

Los términos descubre de la orilla   5
Corriente con el Sol desenojada:
Y la voz del arroyo articulada
En guijas llama l'aura a competilla.

Las últimas ausencias del invierno
Anciana seña son de las montañas,   10
Y en el almendro aviso al mal gobierno.

Solo no hay primavera en mis entrañas,
Que habitadas de amor arden infierno,
Y bosque son de flechas y guadañas.

Las gracias de la que adora son ocasión de que viva y muera al mismo tiempo

Esa color de rosa y de azucena,
Y ese mirar sabroso, dulce, honesto,
Y ese hermoso cuello, blanco, enhiesto,
Y boca de rubís, y perlas llena.

La mano alabastrina, que encadena   5
Al que más contra amor está dispuesto,
Y el más libre y tirano presupuesto
Destierra de las almas, y enajena.

Esa rica y hermosa primavera,
Cuyas flores de gracias y hermosura,   10
Ofendellas no puede el tiempo airado,

Son ocasión que viva yo, y que muera,
Y son de mi descanso y mi ventura,
Principio, y fin, y alivio del cuidado.

Rodéanle mil fantasmas engañosas

¿Qué imagen de la muerte rigurosa,
Qué sombra del infierno me maltrata?
¿Qué tirano cruel me sigue, y mata,
Con vengativa mano, licenciosa?

¿Qué fantasma en la noche temerosa   5
El corazón del sueño me desata?
¿Quién te venga de mí, divina ingrata,
Más por mi mal que por tu bien hermosa?

¿Quién, cuando con dudoso pie, e incierto,
Piso la soledad de aquesta arena,   10
Me puebla de cuidados el desierto?

¿Quién el antiguo son de mi cadena
A mis orejas vuelve, si es tan cierto,
Que aun no te acuerdas tú de darme pena?

Dice que como el labrador teme el agua cuando viene con truenos, habiéndola deseado, así es la vista de su pastora

Ya viste que acusaban los sembrados
Secos las nubes, y las lluvias; luego
Viste en la tempestad temer el riego
Los surcos, con el rayo amenazados.

Más quieren verse secos que abrasados,   5
Viendo que a la agua la acompaña el fuego,
Y el relámpago, y trueno sordo y ciego,
Y mustio el campo teme los nublados.

No de otra suerte temen la hermosura
Que en los tuyos mis ojos codiciaron,   10
Anhelando la luz serena y pura.

Pues luego que se abrieron, fulminaron,
Y amedrentando el gozo a mi ventura,
Encendieron en mí cuanto miraron.

Amante agradecido a las lisonjas mentirosas de un sueño

¡Ay Floralva! Soñé que te... ¿direlo?
Sí, pues, que sueño fue, que te gozaba;
¿y quien, sino un amante que soñaba,
Juntara tanto infierno a tanto cielo?

Mis llamas con tu nieve, y con tu yelo,   5
Cual suele opuestas flechas de su aljaba,
Mezclaba amor, y honesto las mezclaba,
Como mi admiración en su desvelo.

Y dije, quiera amor, quiera mi suerte,
Que nunca duerma yo, si estoy despierto,   10
Y que si duermo, que jamás despierte.

Mas desperté del dulce desconcierto;
Y vi que estuve vivo con la muerte,
Y vi que con la vida estaba muerto.

Muestra lo que es una mujer despreciada

Disparado esmeril, toro herido,
Fuego que libremente se ha soltado,
Osa que los hijuelos le han robado,
Rayo de pardas nubes escupido.

Serpiente o áspid, con el pie oprimido;   5
León que las prisiones ha quebrado;
Caballo volador desenfrenado;
águila que le tocan a su nido.

Espada que la rige loca mano;
Pedernal sacudido del acero;   10
Pólvora a quien llegó encendida mecha.

Villano rico con poder tirano,
Víbora, cocodrilo, caimán fiero,
Es la mujer, si el hombre la desecha.

A Lísida pidiéndole unas flores que tenía en la mano y persuadiéndola imite a una fuente

Ya que huyes de mí, Lísida hermosa,
Imita las costumbres de esta fuente,
Que huye de la orilla eternamente,
Y siempre la fecunda generosa.

Huye de mí cortés y desdeñosa,   5
Sígate de mis ojos la corriente,
Y, aunque de paso, tanto fuego ardiente
Merézcate una hierba y una rosa.

Pues mi pena ocasionas, pues te ríes
Del congojoso llanto que derramo   10
En sacrificio al claustro de rubíes,

Perdona lo que soy por lo que amo,
Y cuando desdeñosa te desvíes,
Llévate allá la voz con que te llamo.

A Aminta, que imite al Sol al dejarle consuelo cuando se ausenta

Pues eres Sol, aprende a ser ausente
Del Sol, que aprende en ti luz y alegría;
¿no viste ayer el día agonizar el día
Y apagar en el mar el oro ardiente?

Luego se ennegreció, mustio y doliente,   5
El aire adormecido en sombra fría;
Luego la noche en cuanta luz ardía,
Tantos consuelos encendió al Oriente.

Naces, Aminta, a Silvio del ocaso
En que me dejas sepultado y ciego;   10
Sígote oscuro con dudoso paso.

Concédele a mi noche y a mi ruego,
Del fuego de tu Sol, en que me abraso,
Estrellas, desperdicios de tu fuego.

Con el ejemplo del invierno, imagina si será admitido su fuego del hielo de Lisi

Pues ya tiene la encina en los tizones
Más séquito que tuvo en hoja y fruto,
Y el nubloso Orión manchó con luto
Las (otro tiempo) cárdenas regiones;

Pues perezoso Arturo, y los triones   5
Dispensan breve al Sol, y poco enjuto,
Y con imperio cano y absoluto,
Labra el hielo las aguas en prisiones;

Hoy que se busca en el calor la vida,
Gracias al dueño invierno, amante ciego,   10
A quien desprecia Amor, y Lisa olvida;

Al hielo hermoso de su pecho llego
Mi corazón, por ver, si agradecida,
Se regala su nieve con mi fuego.

Náufraga nave, que advierte y no da escarmiento

Tirano de Adria el Euro, acompañada
De invierno y noche la rugosa frente,
Sañudo se arrojó e inobediente,
La cárcel rota y la prisión burlada.

Bien presumida y mal aconsejada,⁣ 5
Pomposa Nave sus enojos siente.
Gime el Mar ronco temerosamente,
Líquida muerte bebe gente osada,

Cuando en maligno escollo inadvertida,
De escarmientos la playa procelosa 10
Infamó, en mil naufragios dividida.

Y nunca faltará Vela animosa
—¡Tal es la presunción de nuestra vida!—
Que repita su ruina lastimosa.

Con el ejemplo del fuego, enseña a Alexi, pastor, cómo se ha de resistir al amor en su principio

¿No ves piramidal y sin sosiego,
En esta vela arder inquieta llama,
Y cuán pequeño soplo la derrama
En cadáver de luz, en humo ciego?

¿No ves sonoro y animoso el fuego   5
Arder voraz en una y otra rama,
A quien, ya poderoso, el soplo inflama,
Que a la centella dio la muerte luego?

Ansí pequeño amor recién nacido,
Muere Alexi, con poca resistencia,   10
Y le apaga una ausencia y un olvido;

Mas si crece en las venas su dolencia,
Vence con lo que pudo ser vencido,
Y vuelve en alimento la violencia.

Habiendo llamado a su zagala Aurora, pide a la del cielo que se detenga, para ver en ella el retrato de su misma zagala

Tú, princesa bellísima del día,
De las sombras nocturnas triunfadora,
Oro risueño y púrpura pintora,
Del aire melancólico alegría;

Pues del Sol que te sigue y que te envía   5
Eres flagrante y rica embajadora;
Pues por ennoblecerte llamé Aurora
La hermosa sin igual, zagala mía;

Ya que la noche me privó de vella,
Y esquiva mis dos ojos, piadosa   10
Entretenme su imagen en su estrella.

Niégale al Sol las horas, no invidiosa
Su llama, que tus luces atropella,
Esconda en ti su ardiente nieve, y rosa.

Lisi, que en su cabello rubio tenía sembrados claveles carmesíes, y por el cuello

Rizas en ondas ricas del rey Midas,
Lisi, el tacto precioso cuanto avaro;
Arden claveles en tu cerco claro,
Flagrante sangre, espléndidas heridas.

Minas ardientes al jardín unidas   5
Son milagro de amor, portento raro;
Cuando Hibla matiza el mármol paro,
Y en su dureza flores ve encendidas.

Esos, que en tu cabeza generosa,
Son cruenta hermosura, y son agravio   10
A la melena rica y victoriosa,

Dan al claustro de perlas en tu labio
Elocuente rubí, púrpura hermosa,
Ya sonoro clavel, ya coral sabio.

En sueños se ve aún más combatido

Cuando a más sueño el alba me convida,
El velador piloto Palinuro
A veces rompe al natural seguro,
Tregua del mal, esfuerzo de la vida.

¿Qué furia armada, o qué legión vestida   5
Del miedo, o manto de la noche oscuro,
Sin armas deja el escuadrón seguro,
A mí despierto, a mi razón dormida?

Algunos enemigos pensamientos,
Corsarios en el mar de amor nacidos,   10
Mi dormido bajel han asaltado.

El alma toca al arma a los sentidos;
Mas como amor los halla soñolientos,
Es cada sombra un enemigo armado.

Amor impreso en el alma que dura después de las cenizas

Si hija de mi amor mi muerte fuese,
¡qué parto tan dichoso que sería
El de mi amor contra la vida mía!
¡Qué gloria, que el morir de amar naciese!

Llevara yo en el alma, adonde fuese   5
El fuego en que me abraso; y guardaría
Su llama fiel con la ceniza fría,
En el mismo sepulcro en que durmiese.

De esotra parte de la muerte dura,
Vivirán en mi sombra mis cuidados,   10
Y más allá del Lete mi memoria.

Triunfará del olvido tu hermosura,
Mi pura fe y ardiente de los hados,
Y el no ser por amar será mi gloria.

Náufrago amante entre desdenes

Molesta el ponto Bóreas con tumultos
Cerúleos y espumosos; la llanura
Del pacífico mar se desfigura,
Despedazada en formidables bultos.

De la orilla amenaza los indultos, 5
Que blanda le prescribe cárcel dura;
La luz del Sol titubeando oscura,
Recela temerosa sus insultos.

Déjase a la borrasca el marinero,
A las almas de Tracia cede el lino, 10
Gime la entena, y gime el pasajero.

Yo así náufrago amante y peregrino,
Que en borrasca de amor por Lisi muero,
Sigo insano furor de alto destino.

Desengaño de la exterior apariencia, con el examen interior y verdadero

¿Miras este Gigante corpulento
Que con soberbia y gravedad camina?
Pues por de dentro es trapos y fajina,
Y un ganapán le sirve de cimiento.

Con su alma vive y tiene movimiento,   5
Y adonde quiere su grandeza inclina,
Mas quien su aspecto rígido examina
Desprecia su figura y ornamento.

Tales son las grandezas aparentes
De la vana ilusión de los Tiranos,   10
Fantásticas escorias eminentes.

¿Veslos arder en púrpura, y sus manos
En diamantes y piedras diferentes?
Pues asco dentro son, tierra y gusanos.

Desnuda a la mujer de la mayor parte ajena que la compone

Si no duerme su cara con Filena,
Ni con sus dientes come y su vestido
Las tres partes le hurta a su marido,
Y la cuarta el afeite le cercena,

Si entera con él come y con él cena,   5
Mas debajo del lecho mal cumplido
Todo su bulto esconde, reducido
A Chapinzanco y Moño por almena,

¿Por qué te espantas, Fabio, que abrazado
A su mujer, la busque y la pregone,   10
Si, desnuda, se halla descasado?

Si cuentas por mujer lo que compone
A la mujer, no acuestes a tu lado
La mujer, sino el fardo que se pone.

Desterrado Scipión a una rústica casería suya, recuerda consigo la gloria de sus hechos y de su posteridad

Faltar pudo a Scipión Roma opulenta,
Mas a Roma Scipión faltar no pudo;
Sea Blasón de su envidia, que mi escudo,
Que del Mundo triunfó, cede a su afrenta.

Si el mérito Africano la amedrenta,   5
De hazañas y laureles me desnudo;
Muera en destierro en este baño rudo,
Y Roma de mi ultraje esté contenta.

Que no escarmiente alguno en mí quisiera,
Viendo la ofensa que me da por pago,   10
Porque no falte quien servirla quiera.

Nadie llore mi ruina ni mi estrago,
Pues será a mi Ceniza cuando muera,
Epitafio Aníbal, Urna Cartago.

Diana y Acteón

Estábase la Efesia cazadora
Dando en aljófar el sudor al baño,
En la estación ardiente, cuando el año
Con los rayos del Sol el Perro dora.

De sí (como Narciso) se enamora;   5
(Vuelta pincel de su retrato extraño),
Cuando sus ninfas, viendo cerca el daño,
Hurtaron a Acteón a su señora.

Tierra le echaron todas por cegalle,
Sin advertir primero que era en vano,   10
Pues no pudo cegar con ver su talle.

Trocó en áspera frente el rostro humano,
Sus perros intentaron de matalle,
Mas sus deseos ganaron por la mano.

Dice que su amor no tiene parte alguna terrestre

    Por ser mayor el cerco de oro ardiente
Del Sol que el globo opaco de la tierra,
Y menor que éste el que a la Luna cierra
Las tres caras que muestra diferente,

    Ya la vemos menguante, ya creciente,   5
Ya en la sombra el Eclipse nos la entierra;
Mas a los seis Planetas no hace guerra,
Ni Estrella fija sus injurias siente.

    La llama de mi amor, que está clavada
En el alto Cénit del Firmamento,   10
Ni mengua en sombras ni se ve eclipsada.

    Las manchas de la tierra no las siento,
Que no alcanza su noche a la sagrada
Región donde mi fe tiene su asiento.

El pecar intercede por los premios, prefiriéndose a la virtud

Si gobernar provincias y legiones
Ambicioso pretendes, ioh Licino!,
Procura que el favor y el desatino
Aseguren de infames tus acciones.

No merezca ninguno las prisiones   5
Mejor que tú; pues cuanto más vecino
Al suplicio te vieres, el destino
Más te apresurará las elecciones.

Felices son y ricos los pecados:
Ellos dan los palacios suntuosos,   10
Llueven el oro, adquieren los estados.

Alábanse los hombres virtuosos;
Mas, para lo que viven alabados,
Quien los alaba elige los viciosos.

Funeral elogio al padre maestro fray Hortensio Félix Paravicino y Arteaga, predicador de su majestad

El que vivo enseñó, difunto mueve,
Y el silencio predica en él difunto:
En este polvo mira y llora junto
La vista cuanto al púlpito le debe.

Sagrado y dulce, el coro de las nueve   5
Enmudece en su voz el contrapunto:
Faltó la admiración a todo asunto,
Y el fénix que en su pluma se renueve.

Señas te doy del docto y admirable
Hortensio, tales, que callar pudiera   10
El nombre religioso y venerable.

La Muerte aventurara, si le oyera,
A perder el blasón de inexorable,
Y si no fuera sorda, le perdiera.

Elogio funeral a don Melchor de Bracamonte, hijo de los condes de Peñaranda, gran soldado, sin premio

Siempre, Melchor, fue bienaventurada
Tu vida en tantos trances en el suelo;
Y es bienaventurada ya en el Cielo,
En donde solo pudo ser premiada.

Sin ti quedó la Guerra desarmada   5
Y el mérito agraviado sin consuelo;
La Nobleza y Valor en llanto y duelo
Y la satisfacción mal difamada.

Cuanto no te premiaron, mereciste,
Y el premio en tu valor acobardaste,   10
Y el excederle fue lo que tuviste.

El cargo que en el mundo no alcanzaste
Es el que yace, el huérfano y el triste,
Que tú de su desdén te coronaste.

Las causas de la ruina del Imperio Romano

En el precio, el favor; y la ventura,
Venal; el oro, pálido tirano;
El erario, sacrílego y profano;
Con togas, la codicia y la locura;

En delitos, patíbulo la altura;   5
Más suficiente el más soberbio y vano;
En opresión, el sufrimiento humano;
En desprecio, la sciencia y la cordura,

Promesas son, ¡oh Roma!, dolorosas
Del precipicio y ruina que previenes   10
A tu imperio y sus fuerzas poderosas.

El laurel que te abraza las dos sienes
Llama al rayo que evita, y peligrosas
Y coronadas por igual las tienes.

Enseña a morir antes, y que la mayor parte de la muerte es la vida, y esta no se siente; y la menor, que es el último suspiro, es la que da pena

Señor don Juan, pues con la fiebre apenas
Se calienta la sangre desmayada,
Y por la mucha edad, desabrigada
Tiembla, no pulsa entre la arteria y venas;

Pues que de nieve están las cumbres llenas   5
La boca de los años saqueada,
La vista enferma en noche sepultada,
Y las potencias de ejercicio ajenas:

Salid a recibir la sepultura,
Acariciad la tumba y monumento,   10
Que morir vivo es última cordura.

La mayor parte de la Muerte, siento
Que se pasa en contentos y locura;
Y a la menor se guarda el sentimiento.

Enseña no ser segura política reprehender acciones, aunque malas sean, pues ellas tienen guardado su castigo

Raer tiernas orejas con verdades
Mordaces, ¡oh Licino!, no es seguro:
Si desengañas, vivirás oscuro,
Y escándalo serás de las ciudades.

No las hagas, ni enojes, las maldades,   5
Ni mormures la dicha del perjuro:
Que si gobierna y duerme Palinuro
Su error castigarán las tempestades.

El que, piadoso, desengaña amigos
Tiene mayor peligro en su consejo   10
Que en su venganza el que agravió enemigos.

Por esto a la maldad y al malo dejo.
Vivamos, sin ser cómplices, testigos;
Advierta al mundo nuevo el mundo viejo.

Enseña que, aunque tarde, es mejor reconocer el engaño de las pretensiones y retirarse a la granjería del campo

Cuando esperando está la sepoltura
Por semilla mi cuerpo fatigado,
Doy mi sudor al reluciente arado
Y sigo la robusta agricultura.

Disculpa tiene, Fabio, mi locura,   5
Si me quieres creer escarmentado:
Probé la pretensión con mi cuidado,
Y hallo que es la tierra menos dura.

Recojo en fruto lo que aquí derramo,
Y derramaba allá lo que cogía: 10
Quien se fía de Dios sirve a buen amo.

Más quiero depender del Sol y el día,
Y de la agua, aunque tarde, si la llamo,
Que de l'áulica infiel astrología.

Epitafio de una dueña, que idea también puede ser de todas

Fue más larga que paga de tramposo,
Más gorda que mentira de Indiano,
Más sucia que pastel en el verano,
Más necia y presumida que un dichoso,

Más amiga de pícaros que el coso,   5
Más engañosa que el primer manzano,
Más que un coche alcahueta, por lo anciano,
Más pronosticadora que un potroso.

Más charló que una Azuda y una Aceña,
Y tuvo más enredos que una araña,   10
Más humos que seis mil hornos de leña.

De mula de alquiler sirvió en España,
Que fue buen noviciado para Dueña,
Y muerta pide, y enterrada engaña.

Llanto, presunción, culto y tristeza amorosa

Esforzaron mis ojos la corriente
De este, si fértil, apacible río;
Y cantando frené su curso y brío:
¡tanto puede el dolor en un ausente!

Miréme incendio en esta clara fuente   5
Antes que la prendiese yelo frío,
Y vi que no es tan fiero el rostro mío
Que manche, ardiendo, el oro de tu frente.

Cubrió nube de incienso tus altares,
Coronélos de espigas en manojos,   10
Sequé, crecí con llanto y fuego a Henares.

Hoy me fuerzan mi pena y tus enojos
(tal es por ti mi llanto) a ver dos mares
En un arroyo, viendo mis dos ojos.

La templanza, adorno para la gargantas más precioso que las perlas de mayor valor

Esta concha que ves presuntuosa,
Por quien blasona el mar índico y moro,
Que en un bostezo concibió un tesoro
Del Sol y el cielo, a quien se miente esposa;

Esta pequeña perla y ambiciosa,   5
Que junta su soberbia con el oro,
Es defecto del nácar, no decoro,
Y mendiga beldad, aunque preciosa.

Bastaba que la gula el mar pescara,
Sin que avaricia en él tendiera redes   10
Con que la vanidad alimentara.

Floris, mejor con la templanza puedes
Adornar tu garganta, que con rara
Perdición rica, que del Ponto heredes.

Exhorta a Lisi a efectos semejantes de la víbora

Esta víbora ardiente, que, enlazada,
Peligros anudó de nuestra vida,
Lúbrica muerte en círculos torcida,
Arco que se vibró flecha animada,

Hoy, de médica mano desatada,   5
La que en sedienta arena fue temida,
Su diente contradice, y la herida
Que ardiente derramó, cura templada.

Pues tus ojos también con muerte hermosa
Miran, Lisi, al rendido pecho mío,   10
Templa tal vez su fuerza venenosa;

Desmiente tu veneno ardiente y frío;
Aprende de una sierpe ponzoñosa:
Que no es menos dañoso tu desvío.

Exhortación a la majestad del rey nuestro señor Felipe IV para el castigo de los rebeldes

Escondido debajo de tu armada
Gime el Ponto, la vela llama al viento,
Y a las Lunas de Tracia con sangriento
Eclipse ya rubrica tu jornada.

En las venas Sajónicas tu Espada   5
El acero calienta, y macilento
Te atiende el Belga, habitador violento
De poca tierra, al Mar y a ti robada.

Pues tus Vasallos son el Etna ardiente,
Y todos los incendios que a Vulcano   10
Hacen el Metal rígido obediente,

Arma de Rayos la invencible mano:
Caiga roto y deshecho el insolente
Belga, el Francés, el Sueco y el Germano.

Inscripción en el túmulo de don Pedro Girón, duque de Osuna, virrey y capitán general de las dos Sicilias

De la Asia fue terror, de Europa espanto,
Y de la África rayo fulminante;
Los golfos y los puertos de Levante
Con sangre calentó, creció con llanto.

Su nombre solo fue vitoria en cuanto 5
Reina la Luna en el mayor turbante;
Pacificó motines en Brabante:
Que su grandeza sola pudo tanto.

Divorcio fue del mar y de Venecia,
Su desposorio dirimiendo el peso 10
De naves, que temblaron Chipre y Grecia.

¡Y a tanto vencedor venció un proceso!
De su desdicha su valor se precia:
¡murió en prisión, y muerto estuvo preso!

Pronuncia con sus nombres los trastos y miserias de la vida

La vida empieza en lágrimas y caca,
Luego viene la mu, con mama y coco,
Síguense las viruelas, baba y moco,
Y luego llega el trompo y la matraca.

En creciendo, la amiga y la sonsaca,   5
Con ella embiste el apetito loco,
En subiendo a mancebo, todo es poco,
Y después la intención peca en bellaca.

Llega a ser hombre, y todo lo trabuca,
Soltero sigue toda Perendeca,   10
Casado se convierte en mala cuca.

Viejo encanece, arrúgase y se seca,
Llega la muerte, todo lo bazuca,
Y lo que deja paga, y lo que peca.

Soneto amoroso

Más solitario pájaro ¿en cuál techo
Se vio jamás, ni fiera en monte o prado?
Desierto estoy de mí, que me ha dejado
Mi alma propia en lágrimas deshecho.

Lloraré siempre mi mayor provecho;   5
Penas serán y hiel cualquier bocado;
La noche afán, y la quietud cuidado,
Y duro campo de batalla el lecho.

El sueño, que es imagen de la muerte,
En mí a la muerte vence en aspereza,   10
Pues que me estorba el sumo bien de verte.

Que es tanto tu donaire y tu belleza,
Que, pues Naturaleza pudo hacerte,
Milagro puede hacer Naturaleza.

Túmulo a Viriato

Habla el Mármol

Memoria soy del más famoso pecho
Que el Tiempo de sí mismo vio triunfante;
En mí podrás, oh amigo caminante,
Un rato descansar del largo trecho.

Lluvias de ojos mortales me han deshecho,   5
Que la lástima pudo en un instante
Volverme cera, yo que fui diamante,
De tales prendas monumento estrecho.

Estas armas, viudas de su dueño,
Que visten con funesta valentía   10
Este, si humilde, venturoso leño,

De Viriato son; él las vestía,
Hasta que aquí durmió el postrero sueño
En que privado fue del blanco día.

Desastre del valido que cayó aún en sus estatuas

¿Miras la faz que al orbe fue segunda
Y en el metal vivió rica de honores
Cómo, arrastrada, sigue los clamores,
En las maromas de la plebe inmunda?

No hay fragua que a sus miembros no los funda   5
En calderas, sartenes y asadores;
Y aquel miedo y terror de los señores
Solo de humo en la cocina abunda.

El rostro que adoraron en Seyano,
Despedazado en garfios, es testigo   10
De la instabilidad del precio humano.

Nadie le conoció, ni fue su amigo;
Y solo quien le infama de tirano
No acompañó el horror de su castigo.

Muestra el error de lo que se desea y el acierto en no alcanzar felicidades

    Si me hubieran los miedos sucedido
Como me sucedieron los deseos,
Los que son llantos hoy fueran trofeos:
¡mirad el ciego error en que he vivido!

    Con mis aumentos proprios me he perdido;   5
Las ganancias me fueron devaneos;
Consulté a la Fortuna mis empleos,
Y en ellos adquirí pena y gemido.

    Perdí, con el desprecio y la pobreza,
La paz y el ocio; el sueño, amedrentado,   10
Se fue en esclavitud de la riqueza.

    Quedé en poder del oro y del cuidado,
Sin ver cuán liberal Naturaleza
Da lo que basta al seso no turbado.

Que como su amor no fue solo de las partes exteriores, que son mortales, así también no lo será su amor

Que vos me permitáis solo pretendo,
Y saber ser cortés y ser amante;
Esquivo los deseos, y constante,
Sin pretensión, a solo amar atiendo.

Ni con intento de gozar ofendo   5
Las deidades del garbo y del semblante;
No fuera lo que vi causa bastante,
Si no se le añadiera lo que entiendo.

Llamáronme los ojos las faciones;
Prendiéronlos eternas jerarquías   10
De virtudes y heroicas perfecciones.

No verán de mi amor el fin los días:
La eternidad ofrece sus blasones
A la pureza de las ansias mías.

Que desengaños son la verdadera riqueza

¿Cuándo seré infeliz sin mi gemido?
¿Cuándo sin el ajeno fortunado?
El desprecio me sigue desdeñado;
La invidia, en dignidad constituido.

O del bien o del mal vivo ofendido;   5
Y es ya tan insolente mi pecado,
Que, por no confesarme castigado,
Acusa a Dios con llanto inadvertido.

Temo la muerte, que mi miedo afea;
Amo la vida, con saber es muerte: 10
Tan ciega noche el seso me rodea.

Si el hombre es flaco y la ambición es fuerte,
Caudal que en desengaños no se emplea,
Cuanto se aumenta, Caridón, se vierte.

Retiro de quien experimenta contraria la suerte, ya profesando virtudes, y ya vicios

Quiero dar un vecino a la Sibila
Y retirar mi desengaño a Cumas,
Donde, en traje de nieve con espumas,
Líquido fuego oculto mar destila.

El son de la tijera que se afila   5
Oyen alegres mis desdichas sumas;
Corta a su vuelo la ambición las plumas,
Pues ya la Parca corta lo que hila,

Fui malo por medrar: fui castigado
De los buenos; fui bueno: fui oprimido   10
De los malos, y preso, y desterrado.

Contra mí solo atento el mundo ha sido,
Y pues solo fue inútil mi pecado,
Cual si fuera virtud, padezca olvido.

Retrato no vulgar de Lisis

    Crespas hebras, sin ley desenlazadas,
Que un tiempo tuvo entre las manos Midas;
En nieve estrellas negras encendidas,
Y cortésmente en paz de ella guardadas.

    Rosas a abril y mayo anticipadas,   5
De la injuria del tiempo defendidas;
Auroras en la risa amanecidas,
Con avaricia del clavel guardadas.

    Vivos planetas de animado cielo,
Por quien a ser monarca Lisi aspira,   10
De libertades, que en sus luces ata.

    Esfera es racional, que ilustra el suelo,
En donde reina Amor cuanto ella mira,
Y en donde vive Amor cuanto ella mata.

Significa el mal que entra a la alma por los ojos, con la fábula de Acteón

Estábase la Efesia cazadora
Dando en aljófar el sudor al baño,
Cuando en rabiosa luz se abrasa el año
Y la vida en incendios se evapora.

De sí, Narciso y Ninfa, se enamora,   5
Mas viendo conducido de su engaño
Que se acerca Acteón, temiendo el daño,
Fueron las Ninfas velo a su señora.

Con la arena intentaron el cegalle,
Mas luego que de amor miró el trofeo,   10
Cegó más noblemente con su talle.

Su frente endureció con arco feo,
Sus perros intentaron el matalle,
Y adelantóse a todos su deseo.

Soneto amoroso

Dejad que a voces diga el bien que pierdo,
Si con mi llanto a lástima os provoco;
Y permitidme hacer cosas de loco:
Que parezco muy mal amante y cuerdo.

La red que rompo y la prisión que muerdo   5
Y el tirano rigor que adoro y toco,
Para mostrar mi pena son muy poco,
Si por mi mal de lo que fui me acuerdo.

Óiganme todos: consentid siquiera
Que, harto de esperar y de quejarme,   10
Pues sin premio viví, sin juicio muera.

De gritar solamente quiero hartarme.
Sepa de mí, a lo menos, esta fiera
Que he podido morir, y no mudarme.

Por más poderoso que sea el que agravía, deja armas para la venganza

Tú, ya, ¡oh ministro!, afirma tu cuidado
En no injuriar al mísero y al fuerte;
Cuando les quites oro y plata, advierte
Que les dejas el hierro acicalado.

Dejas espada y lanza al desdichado,   5
Y poder y razón para vencerte;
No sabe pueblo ayuno temer muerte;
Armas quedan al pueblo despojado.

Quien ve su perdición cierta, aborrece,
Más que su perdición, la causa della;   10
Y ésta, no aquélla, es más quien le enfurece.

Arma su desnudez y su querella
Con desesperación, cuando le ofrece
Venganza del rigor quien le atropella.

Al túmulo de don Fadrique de Toledo

Al bastón que le vistes en la mano
Con aspecto Real y floreciente,
Obedeció pacífico el Tridente
Del verde Emperador del Oceano.

Fueron oprobio al Belga y Luterano   5
Sus órdenes, sus Armas y su gente;
Y en su consejo y brazo, felizmente
Venció los Hados el Monarca Hispano.

Lo que en otros perdió la cobardía,
Cobró armado y prudente su denuedo,   10
Que sin victorias no contó algún día.

Esto fue don Fadrique de Toledo.
Hoy nos da, desatado en sombra fría,
Llanto a los ojos, y al discurso miedo.

Al mosquito de la trompetilla

Ministril de las ronchas y picadas,
Mosquito postillón, Mosca barbero,
Hecho me tienes el testuz harnero
Y deshecha la cara a manotadas.

Trompetilla que toca a bofetadas,   5
Que vienes con rejón contra mi cuero,
Cupido pulga, Chinche trompetero
Que vuelas comezones amoladas,

¿Por qué me avisas si picarme quieres?
Que pues que das dolor a los que cantas,   10
De Casta y condición de potras eres.

Tú vuelas y tú picas y tú espantas
Y aprendes del cuidado y las mujeres
A malquistar el sueño con las mantas.

Al rey Felipe III

Escondida debajo de tu armada,
Gime la mar, la vela llama al viento,
Y a las Lunas del Turco el firmamento
Eclipse les promete en tu jornada.

Quiere en las venas del Inglés tu espada   5
Matar la sed al Español sediento,
Y en tus armas el Sol desde su asiento
Mira su lumbre en rayos aumentada.

Por ventura la Tierra de envidiosa
Contra ti arma ejércitos triunfantes,   10
En sus monstruos soberbios poderosa;

Que viendo armar de rayos fulminantes,
O Júpiter, tu diestra valerosa,
Pienso que han vuelto al mundo los Gigantes.

Amante ausente del sujeto amado, despúes de larga navegación

Fuego a quien tanto Mar ha respetado
Y que en desprecio de las ondas frías
Pasó abrigado en en las entrañas mías,
Después de haber mis ojos navegado,

Merece ser al Cielo trasladado,   5
Nuevo esfuerzo del Sol y de los días;
Y entre las siempre amantes Jerarquías
En el Pueblo de luz arder clavado.

Dividir y apartar puede el camino;
Mas cualquier paso del perdido Amante   10
Es quilate al Amor puro y divino.

Yo dejo el Alma atrás: llevo adelante,
Desierto y solo el cuerpo peregrino,
Y a mí no traigo cosa semejante.

Amor de sola una vista nace, vive, crece y se perpetúa

Diez años de mi vida se ha llevado
En veloz fuga y sorda el Sol ardiente,
Después que en tus dos ojos vi el Oriente,
Lísida, en hermosura duplicado.

Diez años en mis venas he guardado   5
El dulce fuego que alimento ausente
De mi sangre. Diez años en mi mente
Con imperio tus luces han reinado.

Basta ver una vez grande Hermosura,
Que una vez vista eternamente enciende,   10
Y en l'alma impresa eternamente dura.

Llama que a la inmortal vida trasciende,
Ni teme con el cuerpo sepultura,
Ni el Tiempo la marchita ni la ofende.

Anima a los boticarios con el ejemplo de la Magdalena

Llegó a los pies de Cristo Magdalena,
De todo su vivir arrepentida;
Y viéndole a la mesa, enternecida,
Lágrimas derramó en copiosa vena.

Soltó del oro crespo la melena,   5
Con orden natural entretejida,
Y deseosa de alcanzar la vida,
Con lagrimas bañó su faz serena.

Con un vaso de ungüento los sagrados
Pies de Jesús ungió, y él diligente   10
La perdonó (por paga) sus pecados.

Y pues aqueste ejemplo veis presente,
¡Albricias, boticarios desdichados,
Que hoy da la gloria Cristo por ungüente!

Hastío de un casado al tercer día

Antiyer nos casamos, hoy querría
Doña Pérez, saber ciertas verdades:
Decidme ¿cuánto número de edades
Enfunda el Matrimonio en solo un día?

Un antiyer soltero ser solía,   5
Y hoy casado, un sinfín de Navidades
Han puesto dos marchitas voluntades
Y más de mil antaños en la mía.

Esto de ser marido un año arreo,
Aun a los azacanes empalaga,   10
Todo lo cotidiano es mucho y feo.

Mujer que dura un mes se vuelve plaga,
Aun con los diablos fue dichoso Orfeo,
Pues perdió la mujer que tuvo en paga.

Quejarse en las penas de amor dbe ser permitido y no profana el secreto

Arder sin voz de estrépito doliente
No puede el tronco duro inanimado;
El robre se lamenta, y, abrasado,
El pino gime al fuego, que no siente.

¿y ordenas, Floris, que en tu llama ardiente   5
Quede en muda ceniza desatado
Mi corazón sensible y animado,
Víctima de tus aras obediente?

Concédame tu fuego lo que al pino
Y al robre les concede voraz llama: 10
Piedad cabe en incendio que es divino.

Del volcán que en mis venas se derrama,
Diga su ardor el llanto que fulmino;
Mas no le sepa de mi voz la Fama.

Exhorta a los que amaren que no sigan los pasos por donde ha hecho su viaje

Cargado voy de mí, veo delante
Muerte que me amenaza la jornada;
Ir porfiando por la senda errada
Más de necio será que de constante.

Si por su mal me sigue ciego amante   5
(Que nunca es sola suerte desdichada),
¡Ay! vuelva en sí y atrás: no dé pisada
Donde la dio tan ciego caminante.

Ved cuán errado mi camino ha sido;
Cuán solo y triste, y cuán desordenado,   10
Que nunca así le anduvo pie perdido:

Pues por no desandar lo caminado,
Viendo delante y cerca fin temido,
Con pasos que otros huyen le he buscado.

Peligros de hablar y de callar, y lenguaje en el silencio

¿Cómo es tan largo en mí dolor tan fuerte,
Lisis? Si hablo y digo el mal que siento,
¿Qué disculpa tendrá mi atrevimiento?
Si callo, ¿quién podrá excusar mi muerte?

Pues ¿cómo sin hablarte podrá verte   5
Mi vista y mi semblante macilento?
Voz tiene en el silencio el sentimiento:
Mucho dicen las lágrimas que vierte.

Bien entiende la llama quien la enciende,
Y quien los causa entiende los enojos,   10
Y quien manda silencios, los entiende.

Suspiros, del dolor mudos despojos,
También la Boca a razonar aprende,
Como con llanto, y sin hablar, los ojos.

Conveniencias de no usar de los ojos, de los oídos, y de la lengua

Oír, Ver y Callar, remedio fuera
En tiempo que la Vista y el Oído
Y la Lengua pudieran ser sentido,
Y no delito que ofender pudiera.

Hoy, sordos los remeros con la cera,   5
Golfo navegaré que (encanecido
De huesos, no de espumas) con bramido
Sepulta a quien oyó Voz lisonjera.

Sin ser oído y sin oír, ociosos
Ojos y orejas, viviré olvidado   10
Del ceño de los hombres poderosos.

Si es delito saber quién ha pecado,
Los vicios escudriñen los curiosos:
Y viva yo Ignorante, e Ignorado.

Un delito igual se reputa desigual si son diferentes los sujetos que le cometen, y aún los delitos, desiguales

Si de un delito proprio es precio en Lido
La horca, y en Menandro la diadema,
¿quién pretendes, ¡oh Júpiter!, que tema
El rayo a las maldades prometido?

Cuando fueras un robre endurecido,   5
Y no del cielo majestad suprema,
Gritaras, tronco, a la injusticia extrema,
Y, dios de mármol, dieras un gemido.

Sacrilegios pequeños se castigan;
Los grandes en los triunfos se coronan,   10
Y tienen por blasón que se los digan.

Lido robó una choza, y le aprisionan;
Menandro un reino, y su maldad obligan
Con nuevas dignidades que le abonan.

Retrato de Lisi en mármol

Madrigal

Un famoso Escultor, Lisis esquiva,
En una piedra te ha imitado viva,
Y ha puesto más cuidado en Retratarte
Que la Naturaleza en Figurarte:

Pues si te dio blancura y pecho helado,   5
Él lo mismo te ha dado.
Bellísima en el Mundo te hizo Ella,
Y él no te ha repetido menos bella.

Mas Ella, que te quiso hacer piadosa,
De materia tan blanda y tan suave   10
Te labró que no sabe

Del jazmín distinguirte y de la rosa;
Y él, que vuelta te advierte en piedra ingrata,
De lo que tú te hiciste te retrata.

Romances

A los huesos de un rey que se hallaron
En un sepulcro, ignorándose, y se conoció
Por los pedazos de una corona

Estas que veis aquí pobres y oscuras
Ruinas desconocidas,
Pues aun no dan señal de lo que fueron;
Estas piadosas piedras más que duras,
   Pues del tiempo vencidas,   5
Borradas de la edad, enmudecieron
Letras en donde el caminante, junto,
Leyó y pisó soberbias del difunto;
   Estos güesos, sin orden derramados,
Que en polvo hazañas de la muerte escriben,   10
Ellos fueron un tiempo venerados
En todo el cerco que los hombres viven.
   Tuvo cetro temido
La mano, que aun no muestra haberlo sido;
Sentidos y potencias habitaron   15
La cavidad que ves sola y desierta;
   Su seso altos negocios fatigaron;
iy verla agora abierta,
Palacio, cuando mucho, ciego y vano
Para la ociosidad de vil gusano!   20
   Y si tan bajo huésped no tuviere,
Horror tendrá que dar al que la viere.
iOh muerte, cuánto mengua en tu medida
La gloria mentirosa de la vida!
   Quien no cupo en la tierra al habitalla,   25
Se busca en siete pies y no se halla.
Y hoy, al que pisó el oro por perderle,
Mal agüero es pisarle, miedo verle.

Tú confiesas, severa, solamente
Cuánto los reyes son, cuánto la gente.					30
No hay grandeza, hermosura, fuerza o arte
Que se atreva a engañarte.
    Mira esta majestad, que persuadida
Tuvo a la eternidad la breve vida,
Cómo aquí, en tu presencia,					35
Hace en su confesión la penitencia.
    Muere en ti todo cuanto se recibe,
Y solamente en ti la verdad vive:
Que el oro lisonjero siempre engaña,
Alevoso tirano, al que acompaña.					40
    ¡Cuántos que en este mundo dieron leyes,
Perdidos de sus altos monumentos,
Entre surcos arados de los bueyes
Se ven, y aquellas púrpuras que fueron!
    Mirad aquí el terror a quien sirvieron:					45
Respetó el mundo necio
Lo que cubre la tierra con desprecio.
Ved el rincón estrecho que vivía
    La alma en prisión oscura, y de la muerte
La piedad, si se advierte,					50
Pues es merced la libertad que envía.
Id, pues, hombres mortales;
    Id, y dejaos llevar de la grandeza;
Y émulos a los tronos celestiales,
Vuestra naturaleza					55
Desconoced, dad crédito al tesoro,
    fundad vuestras soberbias en el oro;
Cuéstele vuestra gula desbocada
Su pueblo al mar, su habitación al viento.
Para vuestro contento					60
    No críe el cielo cosa reservada,
Y las armas continuas, por hacerlas

Famosas y por gloria de vestirlas,
Os maten más soldados con sufrirlas,
 que enemigos después con padecerlas.   65
Solicitad los mares
Para que no os escondan los lugares,
En donde, procelosos,
 Amparan la inocencia
De vuestra peregrina diligencia,   70
En parte religiosos.
Tierra que oro posea,
 Sin más razón, vuestra enemiga sea.
No sepan los dos polos playa alguna
Que no os parle por ruegos la Fortuna.   75
Sirva la libertad de las naciones
 Al título ambicioso en los blasones;
Que la muerte, advertida y veladora,
Y recordada en el mayor olvido,
Traída de la hora,   80
 Presta vendrá con paso enmudecido
Y, herencia de gusanos,
Hará la posesión de los tiranos.
Vivo en muerte lo muestra
 Este que frenó el mundo con la diestra;   85
Acuérdase de todos su memoria;
Ni por respeto dejará la gloria
De los reyes tiranos,
 Ni menos por desprecio a los villanos.
¡Qué no está predicando   90
Aquel que tanto fue, y agora apenas
Defiende la memoria de haber sido,
 Y en nuevas formas va peregrinando
Del alta majestad que tuvo ajenas!
Reina en ti propio, tú que reinar quieres,   95
Pues provincia mayor que el mundo eres.

Romance

«A los moros por dinero;
A los cristianos de balde.»
¿Quién es ésta que lo cumple?
Dígasmelo tú, el romance.
Yo, con mi fe de bautismo,   5
Tras ella bebo los aires;
Por moro me tienen todas:
Dinero quieren que gaste.
En lenguaje de mujeres,
Que es diferente lenguaje,   10
De balde es dos veces dé,
Cosa que no entendió nadie.
Todas me llaman Antón,
Todas me cobran Azarque,
Y son, al daca y al pido,   15
Mis billetes Alcoranes.
El sombrero que les quito
Se les antoja turbante,
Y mi prosa, algarabía,
Por más español que hable.   20
Sin duda, romance aleve,
Que, por solo el consonante,
A los pordioseros fieles
Les diste alegrón tan grande.
Y aquella maldita hembra,   25
Para burlar el linaje
De los Baldeses de paga,
Tocó a barato una tarde.
Luego que el romance oí,
Me llamaba por las calles   30
Cristianísimo, sin miedo
Del rey de Francia y sus Pares.

¿Adónde están los cristianos
Que gozan de aqueste lance?:
Que en el reino de Toledo   35
Los Pedros pagan por Tarfes.
  Si la que lo prometiste
En esa cazuela yaces,
Más gente harás, si te nombras,
Que las banderas de Flandes.   40
  Doña Urraca diz que fue
La del pregón detestable:
Que cosa tan mal cumplida
No pudo ser de otras aves.

Halla en la causa de su amor todos los bienes

Después que te conocí,
Todas las cosas me sobran:
El Sol para tener día,
Abril para tener rosas.
    Por mi bien pueden tomar   5
Otro oficio las auroras,
Que yo conozco una luz
Que sabe amanecer sombras.
    Bien puede buscar la noche
Quien sus estrellas conozca,   10
Que para mi astrología
Ya son oscuras y pocas.
    Gaste el Oriente sus minas
Con quien avaro las rompa,
Que yo enriquezco la vista   15
Con más oro a menos costa.
    Bien puede la margarita
Guardar sus perlas en conchas,
Que buzano de una risa
Las pesco yo en una boca.   20
    Contra el tiempo y la fortuna
Ya tengo una inhibitoria,
Ni ella me puede hacer triste,
Ni él puede mudarme un hora.
    El oficio le ha vacado   25
A la muerte tu persona:
A sí misma se padece,
Solo en ti viven sus obras.
    Ya no importunan mis ruegos
A los cielos por la gloria,   30
Que mi bienaventuranza
Tiene jornada más corta.

La sacrosanta mentira,
Que tantas almas adoran,
Busque en Portugal vasallos, 35
En Chipre busque coronas.
    Predicaré de manera,
Tu belleza por Europa,
Que no haya herejes de gracias,
Y que adoren en ti sola. 40

Boda y acompañamiento del campo

Don Repollo y doña Berza,
De una sangre y de una casta,
Si no caballeros pardos,
Verdes fidalgos de España,
  Casáronse, y a la boda   5
De personas tan honradas,
Que sustentan ellos solos
A lo mejor de Vizcaya,
  De los solares del campo
Vino la nobleza y gala,   10
Que no todos los solares
Han de ser de la montaña.
  Vana, y hermosa, a la fiesta
Vino doña Calabaza;
Que su merced no pudiera   15
Ser hermosa sin ser vana.
  La Lechuga, que se viste
Sin aseo y con fanfarria,
Presumida, sin ser fea,
De frescona y de bizarra.   20
  La Cebolla, a lo viudo,
Vino con sus tocas blancas,
Y sus entresuelos verdes,
Que sin verdura no hay canas.
  Para ser dama muy dulce   25
Vino la Lima gallarda,
Al principio, que no es bueno
Ningún postre de las damas.
  La Naranja, a lo ministro,
Llegó muy tiesa y cerrada,   30
Con su apariencia muy lisa,
Y su condición muy agria.

A lo rico y lo tramposo
En su erizo la Castaña,
Que la han de sacar la hacienda   35
Todos por punta de lanza.
    La Granada deshonesta
A lo moza cortesana,
Desembozo en la hermosura,
Descaramiento en la gracia.   40
    Doña Mostaza menuda,
Muy briosa y atusada,
Que toda chica persona
Es gente de gran mostaza.
    A lo alindado la Guinda,   45
Muy agria cuando muchacha,
Pero ya entrada en edad,
Más tratable, dulce y blanda.
    La Cereza, a la hermosura
Recién venida, muy cara,   50
Pero con el tiempo todos
Se le atreven por barata.
    Doña Alcachofa, compuesta
A imitación de las flacas,
Basquiñas y más basquiñas,   55
Carne poca y muchas faldas.
    Don Melón, que es el retrato
De todos los que se casan:
Dios te la depare buena,
Que la vista al gusto engaña.   60
    La Berenjena, mostrando
Su calavera morada,
Porque no regó en el tiempo
Del socorro de las calvas,
    Don Cohombro desvaído,   65
Largo de verde esperanza,

Muy puesto en ser gentil hombre,
Siendo cargado de espaldas.
    Don Pepino, muy picado
De amor de doña Ensalada,   70
Gran compadre de doctores,
Pensando en unas tercianas.
    Don Durazno, a lo invidioso,
Mostrando agradable cara,
Descubriendo con el trato   75
Malas y duras entrañas.
    Persona de muy buen gusto,
Don Limón, de quien espanta
Lo sazonado y panzudo,
Que no hay discreto con panza.   80
    De blanco, morado y verde,
Corta crin y cola larga,
Don Rábano, pareciendo
Moro de juego de cañas.
    Todo fanfarrones bríos,   85
Todo picantes bravatas,
Llegó el señor don Pimiento,
Vestidito de botarga.
    Don Nabo, que viento en popa
Navega con tal bonanza   90
Que viene a mandar el mundo
De gorrón de Salamanca.
    Mas baste, por si el lector
Objeciones desenvaina,
Que no hay boda sin malicias,   95
Ni desposados sin tachas.

Boda de negros

Vi, debe de haber tres días,
En las gradas de San Pedro,
Una tenebrosa boda,
Porque era toda de negros.
    Parecía matrimonio   5
Concertando en el infierno,
Negro esposo y negra esposa,
Y negro acompañamiento.
    Sospecho yo que acostados
Parecerán sus dos cuerpos,   10
Junto el uno con el otro
Algodones y tintero.
    Hundíase de estornudos
La calle por do volvieron,
Que una boda semejante   15
Hace dar más que un pimiento.
    Iban los dos de las manos,
Como pudieran dos cuervos;
Otros dicen como grajos,
Porque a grajos van oliendo.   20
    Con humos van de vengarse,
Que siempre van de humos llenos,
De los que por afrentarlos,
Hacen los labios traseros.
    Iba afeitada la novia   25
Todo el tapetado gesto,
Con hollín y con carbón,
Y con tinta de sombreros.
    Tan pobres son que una blanca
No se halla entre todos ellos,   30
Y por tener un cornado
Casaron a este moreno.

Él se llamaba Tomé,
Y ella Francisca del Puerto,
Ella esclava y él esclavo   35
Que quiere hincársele en medio.
   Llegaron al negro patio,
Donde está el negro aposento,
En donde la negra boda
Ha de tener negro efecto.   40
   Era una caballeriza,
Y estaban todos inquietos,
Que los abrasaban pulgas
Por perrengues o por perros.
   A la mesa se sentaron,   45
Donde también les pusieron
Negros manteles y platos,
Negra sopa y manjar negro.
   Echolos la bendición
Un negro veintidoseno,   50
Con un rostro de azabache
Y manos de terciopelo.
   Diéronles el vino tinto,
Pan entre mulato y prieto,
Carbonada hubo, por ser   55
Tizones los que comieron.
   Hubo jetas en la mesa,
Y en la boca de los dueños;
Y hongos, por ser la boda
De hongos, según sospecho.   60
   Trujeron muchas morcillas,
Y hubo algunos que, de miedo,
No las comieron pensando
Se comían a sí mesmos.
   Cuál por morder el mondongo   65
Se atarazaba algún dedo,

Pues solo diferenciaban
En la uña de lo negro.
   Mas cuando llegó el tocino
Hubo grandes sentimientos,   70
Y pringados con pringadas
Un rato se enternecieron.
   Acabaron de comer,
Y entró un ministro guineo,
Para darles agua manos   75
Con un coco y un caldero.
   Por toalla trujo al hombro
Las bayetas de un entierro.
Laváronse, y quedó el agua
Para ensuciar todo un reino.   80
   Negros dellos se sentaron
Sobre unos negros asientos,
Y negras voces cantaron
También denegridos versos.
   Negra es la ventura   85
De aquel casado,
Cuya novia es negra,
Y el dote en blanco.

Burla de los eruditos de embeleco, que enamoran a feas cultas

Muy discretas y muy feas,
Mala cara y buen lenguaje,
Pidan cátedra y no coche,
Tengan oyente y no amante.
No las den sino atención,   5
Por más que pidan y parlen,
Y las joyas y el dinero,
Para las tontas se guarde.
Al que sabia y fea busca,
El Señor se la depare: 10
A malos conceptos muera,
Malos equívocos pase.
Aunque a su lado la tenga,
Y aunque más favor alcance,
Un catedrático goza,   15
Y a Pitágoras en carnes.
Muy docta lujuria tiene,
Muy sabios pecados hace,
Gran cosa será de ver
Cuando a Platón requebrare.   20
En vez de una cara hermosa,
Una noche, y una tarde,
¿qué gustos darán a un hombre
Dos cláusulas elegantes?
¿Qué gracia puede tener   25
Mujer con fondos de fraile,
Que de sermones y chismes,
Sus razonamientos hace?
Quien deja lindas por necias,
Y busca feas que hablen,   30
Por sabias, como las zorras,
Por simples deje las aves.

Filósofos amarillos
Con barbas de colegiales,
O duende dama pretenda,   35
Que se escuche, no ose halle.
    Échese luego a dormir
Entre bártulos y abades,
Y amanecerá abrazado
De Zenón y de Cleantes.   40
    Que yo para mi traer,
En tanto que argumentaren
Los cultos con sus arpías,
Algo buscaré que palpe.

Refiere su nacimiento y las propiedades que le comunico

        Pariome adrede mi madre,
iojalá no me pariera!,
Aunque estaba cuando me hizo,
De gorja naturaleza.
        Dos maravedís de Luna   5
Alumbraban a la tierra,
Que por ser yo el que nacía,
No quiso que un cuarto fuera.
        Nací tarde, porque el Sol
Tuvo de verme vergüenza,   10
En una noche templada
Entre clara y entre yema.
        Un miércoles con un martes
Tuvieron grande revuelta,
Sobre que ninguno quiso   15
Que en sus términos naciera.
        Nací debajo de Libra,
Tan inclinado a las pesas,
Que todo mi amor le fundo
En las madres vendederas.   20
        Diome el León su cuartana,
Diome el Escorpión su lengua,
Virgo, el deseo de hallarle,
Y el Carnero su paciencia.
        Murieron luego mis padres,   25
Dios en el cielo los tenga,
Porque no vuelvan acá,
Y a engendrar más hijos vuelvan.
        Tal ventura desde entonces
Me dejaron los planetas,   30
Que puede servir de tinta,
Según ha sido de negra.

Porque es tan feliz mi suerte,
Que no hay cosa mala o buena,
Que aunque la piense de tajo,   35
Al revés no me suceda.
　De estériles soy remedio,
Pues con mandarme su hacienda,
Les dará el cielo mil hijos,
Por quitarme las herencias.   40
　Y para que vean los ciegos
Pónganme a mí a la vergüenza;
Y para que cieguen todos,
Llévenme en coche o litera.
　Como a imagen de milagros   45
Me sacan por las aldeas,
Si quieren Sol, abrigado,
Y desnudo, porque llueva.
　Cuando alguno me convida
No es a banquetes ni a fiestas,   50
Sino a los misas cantanos
Para que yo les ofrezca.
　De noche soy parecido
A todos cuantos esperan,
Para molerlos a palos,   55
Y así inocente me pegan.
　Aguarda hasta que yo pase
Si ha de caerse una teja;
Aciértanme las pedradas,
Las curas solo me yerran.   60
　Si a alguno pido prestado,
Me responde tan a secas,
Que en vez de prestarme a mí
Hace prestar la paciencia.
　No hay necio que no me hable,   65
Ni vieja que no me quiera,

Ni pobre que no me pida,
Ni rico que no me ofenda.
    No hay camino que no yerre,
Ni juego donde no pierda,   70
Ni amigo que no me engañe,
Ni enemigo que no tenga.
    Agua me falta en el mar,
Y la hallo en las tabernas,
Que mis contentos y el vino   75
Son aguados donde quiera.
    Dejo de tomar oficio,
Porque sé por cosa cierta,
Que siendo yo el calcetero
Andarán todos en piernas.   80
    Si estudiara medicina,
Aunque es socorrida ciencia,
Porque no curara yo,
No hubiera persona enferma.
    Quise casarme estotro año,   85
Por sosegar mi conciencia,
Y dábanme un dote al diablo,
Con una mujer muy fea.
    Si intentara ser cornudo,
Por comer de mi cabeza,   90
Según soy de desgraciado,
Diera mi mujer en buena.
    Siempre fue mi vecindad
Mal casados que vocean,
Herradores que madrugan,   95
Herreros que me desvelan.
    Si yo camino con fieltro
Se abrasa en fuego la tierra,
Y en llevando guardasol
Está ya de Dios que llueva.   100

Si hablo a alguna mujer,
Y le digo mil ternezas,
O me pide o me despide,
Que en mí es una cosa mesma.
En mí lo picado es roto,   105
Ahorro cualquier limpieza,
Cualquier bostezo es hambre,
Cualquiera color vergüenza.
Fuera un hábito en mi pecho
Remiendo sin resistencia,   110
Y peor que besamanos,
En mí cualquier encomienda.
Para que no estén en casa
Los que nunca salen della,
Buscarlos yo solo basta,   115
Pues con eso estarán fuera.
Si alguno quiere morirse
Sin ponzoña o pestilencia,
Proponga hacerme algún bien,
Y no vivirá hora y media.   120
Y a tanto vino a llegar
La adversidad de mi estrella,
Que me inclinó que adorase
Con mi humildad tu soberbia.
Y viendo que mi desgracia   125
No dio lugar a que fuera
Como otros tu pretendiente,
Vine a ser tu pretenmuela.
Bien sé que apenas soy algo,
Mas tú de puro discreta,   130
Viéndome con tantas faltas,
Que estoy preñado sospechas.
Aquesto Fabio cantaba
A los balcones y rejas

De Aminta, que aun de olvidarle   135
Le han dicho que no se acuerda.

Advierte al tiempo de mayores hazañas, en que podrá ejercitar sus fuerzas

Tiempo, que todo lo mudas,
Tú, que con las horas breves
Lo que nos diste, nos quitas,
Lo que llevaste, nos vuelves:
    Tú, que con los mismos pasos,   5
Que cielos y estrellas mueves,
En la casa de la vida,
Pisas umbral de la muerte.
    Tú, que de vengar agravios
Valle te precias como valiente,   10
Pues castigas, hermosuras,
Por satisfacer desdenes:
    Tú, lastimoso alquimista,
Pues del ébano que tuerces,
Haciendo plata las hebras,   15
A sus dueños empobreces:
    Tú, que con pies desiguales,
Pisas del mundo las leyes,
Cuya sed bebe los ríos,
Y su arena no los siente: 20
    Tú, que de monarcas grandes
Llevas en los pies las frentes;
Tú, que das muerte y das vida
A la vida y a la muerte.
    Si quieres que yo idolatre   25
En tu guadaña insolente,
En tus dolorosas canas,
En tus alas y en tu sierpe:
    Si quieres que te conozca,
Si gustas que te confiese   30
Con devoción temerosa

Por tirano omnipotente,
   Da fin a mis desventuras
Pues a presumir se atreven
Que a tus días y a tus años   35
Pueden ser inobedientes.
   Serán ceniza en tus manos
Cuando en ellas las aprietes,
Los montes y la soberbia,
Que los corona las sienes: 40
   ¿y será bien que un cuidado,
Tan porfiado cuan fuerte,
Se ría de tus hazañas,
Y vitorioso se quede?
   ¿Por qué dos ojos avaros   45
De la riqueza que pierden
Han de tener a los míos
Sin que el sueño los encuentre?
   ¿y por qué mi libertad
Aprisionada ha de verse,   50
Donde el ladrón es la cárcel
Y su juez el delincuente?
   Enmendar la obstinación
De un espíritu inclemente,
Entretener los incendios   55
De un corazón que arde siempre;
   Descansar unos deseos
Que viven eternamente,
Hechos martirio del alma,
Donde están porque los tiene;   60
   Reprender a la memoria,
Que con los pasados bienes,
Como traidora a mi gusto
A espaldas vueltas me hiere;
   Castigar mi entendimiento,   65

Que en discursos diferentes,
Siendo su patria mi alma,
La quiere abrasar aleve;
   Estas sí que eran hazañas,
Debidas a tus laureles,   70
Y no estar pintando flores,
Y madurando las mieses.
   Poca herida es deshojar
Los árboles por noviembre,
Pues con desprecio los vientos   75
Llevarse los troncos suelen.
   Descuídate de las rosas,
Que en su parto se envejecen;
Y la fuerza de tus horas
En obra mayor se muestre.   80
   Tiempo venerable y cano,
Pues tu edad no lo consiente,
Déjate de niñerías,
Y a grandes hechos atiende.

Romance satírico

Pues me hacéis casamentero,
Ángela de Mondragón,
Escuchad de vuestro esposo,
Las grandezas y el valor.
    Él es un médico honrado,   5
Por la gracia del Señor,
Que tiene muy buenas letras
En el cambio, y el bolsón.
    Quien os lo pintó cobarde
No lo conoce, y mintió,   10
Que ha muerto más hombres vivos
Que mató el Cid Campeador.
    En entrando en una casa
Tiene tal reputación,
Que luego dicen los niños: 15
Dios perdone al que murió.
    Y con ser todos mortales
Los médicos, pienso yo
Que son todos veniales
Comparados al doctor.   20
    Al caminante en los pueblos
Se le pide información,
Temiéndole más que a peste,
De si le conoce, o no.
    De médicos semejantes   25
Hace el rey, nuestro señor,
Bombardas a sus castillos,
Mosquetes a su escuadrón.
    Si a alguno cura y no muero,
Piensa que resucitó,   30
Y por milagro le ofrece
La mortaja y el cordón.

Si acaso estando en su casa
Oye dar algún clamor,
Tomando papel y tinta,   35
Escribe: «ante mí pasó».

   No se le ha muerto ninguno
De los que cura hasta hoy,
Porque antes que se mueran
Los mata sin confesión.   40

   De invidia de los verdugos
Maldice al corregidor,
Que sobre los ahorcados
No le quiere dar pensión.

   Piensan que es la muerte algunos;   45
Otros, viendo su rigor,
Le llaman el día del juicio,
Pues es total perdición.

   No come por engordar,
Ni por el dulce sabor,   50
Sino para matar la hambre,
Que es matar su inclinación.

   Por matar mata las luces,
Y si no le alumbra el Sol,
Como murciélagos viven   55
A la sombra de un rincón.

   Su mula, aunque no está muerta,
No penséis que se escapó,
Que está matada de suerte,
Que le viene a ser peor.   60

   En que se ve tan famoso,
Y en tan buena estimación,
Atento a vuestra belleza,
Se ha enamorado de vos.

   No pide le deis más dote   65
De ver que matéis de amor,

Que en matando de algún modo,
Para en uno sois los dos.
   Casaos con él, y jamás
De viuda tendréis pasión,   70
Que nunca la misma muerte
Se oyó decir que murió.
   Si lo hacéis, a Dios le ruego
Que gocéis con bendición;
Pero si no, que nos libre   75
De conocer al doctor.

A don Álvaro de Luna

A los pies de la fortuna,
El que pisó su cabeza,
Los de un Crucifijo santo
Con tristes lágrimas riega.
   Comenzolos a besar;   5
Mas viendo por una puerta
Entrar su truhán llorando,
Amortajado en bayeta,
   Detúvose, y afligido,
Le dijo con voces tiernas,   10
Palabras que se ahogaron
Nadando en llanto las medias.
   Mas el juglar que lo mira,
Mudo de pura tristeza,
Le respondió mesurado   15
Pidiendo al llanto licencia:
   «Tengo, hermosísima Luna,
A decirte cómo empiezas
Hoy a ser, Luna en el mundo,
Pues que tu noche se llega.   20
   »Quiero también despedirme
De tu casa y tu presencia,
Que soy como golondrina
Que en el invierno se ausenta.
   »Pues siendo mi oficio gracias,   25
La fortuna que hoy ordena
Desgracias solo a tu casa,
Me despide de tu mesa.
   »¿Cuántas veces, Condestable,
Entre burlas y entre veras,   30
Te pedí de Dios firmada
La cédula de firmeza?

»¿Y cuántas te dije a solas,
Que el hombre que en hombre espera
Le hace a Dios su contrario,   35
Dios al hombre casi bestia?
    »Siempre las cosas mas altas
Están al rayo sujetas,
Porque parecen subir
A recibille ellas mesmas.   40
    »Un solo arrepentimiento,
Mira que caro te cuesta,
Porque de cuanto tuviste,
Con él tan solo te quedas.
    »No en que eres Luna te fíes,   45
Cuando traidores te cercan,
Pues otro Sol de justicia
No se libró de tus tretas.
    »Ve de Luzbel la privanza,
Que cayó por su soberbia,   50
Que aun los ángeles peligran
En la privanza y alteza.
    »Fuiste cohete en el mundo,
Subiste a las nubes mesmas,
Subiste resplandeciente,   55
Bajas ya ceniza a tierra.
    »Porque la pólvora misma,
Que te subió tan ligera,
Abrasándote te baja
Vuelto carbones en piezas.   60
    »Condestable, mi señor,
Ya de tus glorias inmensas,
Al mundo que te las dio
Toma el Señor residencia.
    »Pues que todo fue prestado,   65
La vida, el honor, las prendas,

No es mucho que agradecido
Al que te las dio las vuelvas.
    »En esta cárcel del mundo,
Solo de mí diferencias,   70
En ser mis grillos de hierro,
Los tuyos de plata y perlas.
    »Esto te digo llorando,
Solamente porque entiendas,
Que quien fue truhán en burlas,   75
Es predicador en veras».
    Diciendo aquesto se fue,
Llorando al Conde le deja,
Y de ver llorar la Luna
Se enlutaron las estrellas.   80

A Nuestra Señora en su nacimiento

    Ya la oscura t triste noche,
Llena de tristeza y miedo,
Huye por las altas cumbres,
Y por los riscos soberbios.
    Yo, con ser recién nacida,   5
De este mundo la destierro,
Porque ya en mí reverberan
Los rayos del Sol inmenso.
    Y aunque me miráis tan niña,
Soy más antigua que el tiempo,   10
Mucho más que las edades
Y que los cuatro elementos.
    Del principio fuí criada,
Que es el sumo Dios eterno,
Y el primero lugar tuve   15
Después del sagrado Verbo.
    Infinitos siglos antes
Que criara el firmamento,
Ya él a mí me había criado
En mitad de aquel silencio.   20
    Su primogénita dice
Que soy el santo, y perfecto;
De su propia boca oí
Este divino requiebro.
    Adornome de virtudes,   25
Ricos tesoros del cielo,
En mí se estarán estables
De este siglo al venidero.
    Entonces vendré triunfante,
Pues al que es Sol verdadero,   30
Le di mis pechos y entrañas,
Y encendió de amor mi pecho.

Sírvole con gran amor,
Dile el corazón sincero
En la santa habitación   35
Del limpio y santo Cordero.
   Cubiertos tuve sus rayos,
Y aunque los tuve cubiertos,
él mostró su inmensidad,
Yo mi limpieza y buen celo.   40
   Premió tan bien mis servicios,
Que en el santo monte excelso
Con él quiere que descanse
En el alcázar supremo.
   Pisé sus piedras preciosas,   45
Y hollé sus dorados suelos,
Y a mí sola dieron silla
Como reina de aquel reino.
   Recíbeme con aplauso
Cantándome himnos y versos,   50
Diciendo que por antigua
Merezco el lugar primero.
   Por antigua en la creación,
Y en ser de virtud ejemplo,
Por la primera en vencer   55
Al demonio torpe y feo.
  Y porque fuí la primera
Que me vestí el ornamento
De la limpia castidad,
E infinitos me siguieron.   60
   Por mi humildad sacrosanta,
Que a los más humildes venzo;
Y por aquesta humildad
Fuí de Dios custodia y templo.
   Porque fuí el claustro cerrado,   65
Donde Dios tuvo aposento,

Para que el género humano
Saliese de cautiverio.
   Haced fiesta, mis cofrades,
Que el nombre de Antigua quiero;   70
Estimalde y celebralde,
Que yo os daré el justo premio.
  Y al templo antiguo y famoso,
Que alcanza tal epíteto,
Enriquecelde vosotros,   75
Que vaya siempre en aumento.
   Perseverad hasta el fin
En ser mis devotos rectos,
Que yo prometo de daros,
Por uno que me deis, ciento.   80

Silvas

Sermón estoico de censura moral

¡Oh corvas almas, oh facinorosos
Espíritus furiosos!
¡Oh varios pensamientos insolentes,
Deseos delincuentes,
Cargados sí, mas nunca satisfechos;   5
Alguna vez cansados,
Ninguna arrepentidos,
En la copia crecidos,
Y en la necesidad desesperados!
De vuestra vanidad, de vuestro vuelo,   10
¿qué abismo está ignorado?
Todos los senos que la tierra calla,
Las llanuras que borra el Oceano
Y los retiramientos de la noche,
De que no ha dado el Sol noticia al día,   15
Los sabe la codicia del tirano.
Ni horror, ni religión, ni piedad, juntos,
Defienden de los vivos los difuntos.
A las cenizas y a los huesos llega,
Palpando miedos, la avaricia ciega.   20
Ni la pluma a las aves,
Ni la garra a las fieras,
Ni en los golfos del mar, ni en las riberas
El callado nadar del pez de plata,
Les puede defender del apetito;   25
Y el orbe, que infinito
A la navegación nos parecía,
Es ya corto distrito
Para las diligencias de la gula,
Pues de esotros sentidos acumula   30
El vasallaje, y ella se levanta
Con cuanto patrimonio

Tienen, y los confunde en la garganta.
Y antes que las desórdenes del vientre
Satisfagan sus ímpetus violentos,   35
Yermos han de quedar los elementos,
Para que el orbe en sus angustias entre.
Tú, Clito, entretenida, mas no llena,
Honesta vida gastarás contigo;
Que no teme la invidia por testigo,   40
Con pobreza decente, fácil cena.
Más flaco estará, ¡oh Clito!,
Pero estará más sano,
El cuerpo desmayado que el ahíto;
Y en la escuela divina,   45
El ayuno se llama medicina,
Y esotro, enfermedad, culpa y delito.
El hombre, de las piedras descendiente
(¡dura generación, duro linaje!),
Osó vestir las plumas;   50
Osó tratar, ardiente,
Las líquidas veredas; hizo ultraje
Al gobierno de Eolo;
Desvaneció su presunción Apolo,
Y en teatro de espumas,   55
Su vuelo desatado,
Yace el nombre y el cuerpo justiciado,
Y navegan sus plumas.
Tal has de padecer, Clito, si subes
A competir lugares con las nubes.   60
De metal fue el primero
Que al mar hizo guadaña de la muerte:
Con tres cercos de acero
El corazón humano desmentía.
Éste, con velas cóncavas, con remos,   65
(¡oh muerte!, ¡oh mercancía!),

Unió climas extremos;
Y rotos de la tierra
Los sagrados confines,
Nos enseñó, con máquinas tan fieras,   70
A juntar las riberas;
Y de un leño, que el céfiro se sorbe,
Fabricó pasadizo a todo el orbe,
Adiestrando el error de su camino
En las señas que hace, enamorada,   75
La piedra imán al Norte,
De quien, amante, quiere ser consorte,
Sin advertir que, cuando ve la estrella,
Desvarían los éxtasis en ella.
Clito, desde la orilla   80
Navega con la vista el Oceano:
óyele ronco, atiéndele tirano,
Y no dejes la choza por la quilla;
Pues son las almas que respira Tracia
Y las iras del Noto,   85
Muerte en el Ponto, música en el soto.
Profanó la razón, y disfamóla,
Mecánica codicia diligente,
Pues al robo de Oriente destinada,
Y al despojo precioso de Occidente,   90
La vela desatada,
El remo sacudido,
De más riesgos que ondas impelido,
De Aquilón enojado,
Siempre de invierno y noche acompañado,   95
Del mar impetuoso
(que tal vez justifica el codicioso)
Padeció la violencia,
Lamentó la inclemencia,
Y por fuerza piadoso,   100

A cuantos votos dedicaba a gritos,
Previno en la bonanza
Otros tantos delitos,
Con la esperanza contra la esperanza.
Éste, al Sol y a la Luna,   105
Que imperio dan, y templo, a la Fortuna,
Examinando rumbos y concetos,
Por saber los secretos
De la primera madre
Que nos sustenta y cría,   110
De ella hizo miserable anatomía.
Despedazóla el pecho,
Rompióle las entrañas,
Desangróle las venas
Que de estimado horror estaban llenas;   115
Los claustros de la muerte,
Duro, solicitó con hierro fuerte.
¿Y espantará que tiemble algunas veces,
Siendo madre y robada
Del parto, a cuanto vive, preferido?   120
No des la culpa al viento detenido,
Ni al mar por proceloso:
De ti tiembla tu madre, codicioso.
Juntas grande tesoro,
Y en Potosí y en Lima   125
Ganas jornal al cerro y a la sima.
Sacas al sueño, a la quietud, desvelo;
A la maldad, consuelo;
Disculpa, a la traición; premio, a la culpa;
Facilidad, al odio y la venganza,   130
Y, en pálido color, verde esperanza,
Y, debajo de llave,
Pretendes, acuñados,
Cerrar los dioses y guardar los hados,

Siendo el oro tirano de buen nombre,   135
Que siempre llega con la muerte al hombre;
Mas nunca, si se advierte,
Se llega con el hombre hasta la muerte.
Sembraste, ¡oh tú, opulento!, por los vasos,
Con desvelos de la arte,   140
Desprecios del metal rico, no escasos;
Y en discordes balanzas,
La materia vencida,
Vanamente podrás después preciarte
Que induciste en la sed dos destemplanzas,   145
Donde tercera, aún hoy, delicia alcanzas.
Y a la Naturaleza, pervertida
Con las del tiempo intrépidas mudanzas,
Transfiriendo al licor en el estío
Prisión de invierno frío,   150
Al brindis luego el apetito necio
Del murrino y cristal creció ansí el precio:
Que fue pompa y grandeza
Disipar los tesoros
Por cosa, ¡oh vicio ciego!,   155
Que pudiese perderse toda, y luego.
Tú, Clito, en bien compuesta
Pobreza, en paz honesta,
Cuanto menos tuvieres,
Desarmarás la mano a los placeres,   160
La malicia a la invidia,
A la vida el cuidado,
A la hermosura lazos,
A la muerte embarazos,
Y en los trances postreros,   165
Solicitud de amigos y herederos.
Deja en vida los bienes,
Que te tienen, y juzgas que los tienes.

Y las últimas horas
Serán en ti forzosas, no molestas,   170
Y al dar la cuenta excusarás respuestas.
Fabrica el ambicioso
Ya edificio, olvidado
Del poder de los días;
Y el palacio, crecido,   175
No quiere darse, no, por entendido
Del paso de la edad sorda y ligera,
Que, fugitiva, calla,
Y en silencio mordaz, mal advertido,
Digiere la muralla,   180
Los alcázares lima,
Y la vida del mundo, poco a poco,
O la enferma o lastima.
Los montes invencibles,
Que la Naturaleza   185
Eminentes crió para sí sola
(paréntesis de reinos y de imperios),
Al hombre inaccesibles,
Embarazando el suelo
Con el horror de puntas desiguales,   190
Que se oponen, erizo bronco, al cielo,
Después que les sacó de sus entrañas
La avaricia, mostrándola a la tierra,
Mentida en el color de los metales,
Cruda y preciosa guerra,   195
Osó la vanidad cortar sus cimas
Y, desde las cervices,
Hender a los peñascos las raíces;
Y erudito ya el hierro,
Porque el hombre acompañe   200
Con magnífico adorno sus insultos,
Los duros cerros adelgaza en bultos;

Y viven los collados
En atrios y en alcázares cerrados,
Que apenas los cubría   205
El campo eterno que camina el día.
Desarmaron la orilla,
Desabrigaron valles y llanuras
Y borraron del mar las señas duras;
Y los que en pie estuvieron,   210
Y eminentes rompieron
La fuerza de los golfos insolentes,
Y fueron objeción, yertos y fríos,
De los atrevimientos de los ríos,
Agora navegados,   215
Escollos y collados,
Los vemos en los pórticos sombríos,
Mintiendo fuerzas y doblando pechos,
Aun promontorios sustentar los techos.
Y el rústico linaje,   220
Que fue de piedra dura,
Vuelve otra vez viviente en escultura.
Tú, Clito, pues le debes
A la tierra ese vaso de tu vida,
En tan poca ceniza detenida,   225
Y en cárceles tan frágiles y breves
Hospedas alma eterna,
No presumas, ioh Clito!, oh, no presumas
Que la del alma casa, tan moderna
Y de tierra caduca,   230
Viva mayor posada que ella vive,
Pues que en horror la hospeda y la recibe.
No sirve lo que sobra,
Y es grande acusación la grande obra;
Sepultura imagina el aposento,   235
Y el alto alcázar vano monumento.

Hoy al mundo fatiga,
Hambrienta y con ojos desvelados,
La enfermedad antiga
Que a todos los pecados   240
Adelantó en el cielo su malicia,
En la parte mejor de su milicia.
Invidia, sin color y sin consuelo,
Mancha primera que borró la vida
A la inocencia humana,   245
De la quietud y la verdad tirana;
Furor envejecido,
Del bien ajeno, por su mal, nacido;
Veneno de los siglos, si se advierte,
Y miserable causa de la muerte.   250
Este furor eterno,
Con afrenta del Sol, pobló el infierno,
Y debe a sus intentos ciegos, vanos,
La desesperación sus ciudadanos.
Ésta previno, avara,   255
Al hombre las espinas en la tierra,
Y el pan, que le mantiene en esta guerra,
Con sudor de sus manos y su cara.
Fue motín porfiado
En la progenie de Abraham eterna,   260
Contra el padre del pueblo endurecido,
Que dio por ellos el postrer gemido.
La invidia no combate
Los muros de la tierra y mortal vida,
Si bien la salud propria combatida   265
Deja también; solo pretende palma
De batir los alcázares de l'alma;
Y antes que las entrañas
Sientan su artillería,
Aprisiona el discurso, si porfía.   270

Las distantes llanuras de la tierra
A dos hermanos fueron
Angosto espacio para mucha guerra.
Y al que Naturaleza
Hizo primero, pretendió por dolo   275
Que la invidia mortal le hiciese solo.
Tú, Clito, doctrinado
Del escarmiento amigo,
Obediente a los doctos desengaños,
Contarás tantas vidas como años;   280
Y acertará mejor tu fantasía
Si conoces que naces cada día.
Invidia los trabajos, no la gloria;
Que ellos corrigen, y ella desvanece,
Y no serás horror para la Historia,   285
Que con sucesos de los reyes crece.
De los ajenos bienes
Ten piedad, y temor de los que tienes;
Goza la buena dicha con sospecha,
Trata desconfiado la ventura,   290
Y póstrate en la altura.
Y a las calamidades
Invidia la humildad y las verdades,
Y advierte que tal vez se justifica
La invidia en los mortales,   295
Y sabe hacer un bien en tantos males:
Culpa y castigo que tras sí se viene,
Pues que consume al proprio que la tiene.
La grandeza invidiada,
La riqueza molesta y espiada,   300
El polvo cortesano,
El poder soberano,
Asistido de penas y de enojos,
Siempre tienen quejosos a los ojos,

Amedrentado el sueño,   305
La consciencia con ceño,
La verdad acusada,
La mentira asistente,
Miedo en la soledad, miedo en la gente,
La vida peligrosa,   310
La muerte apresurada y belicosa.
¡Cuán raros han bajado los tiranos,
Delgadas sombras, a los reinos vanos
Del silencio severo,
Con muerte seca y con el cuerpo entero!   315
Y vio el yerno de Ceres
Pocas veces llegar, hartos de vida,
Los reyes sin veneno o sin herida.
Sábenlo bien aquellos
Que de joyas y oro   320
Ciñen medroso cerco a los cabellos.
Su dolencia mortal es su tesoro;
Su pompa y su cuidado, sus legiones.
Y el que en la variedad de las naciones
Se agrada más, y crece   325
Los ambiciosos títulos profanos,
Es, cuanto más se precia de monarca,
Más ilustre desprecio de la Parca.
El africano duro
Que en los Alpes vencer pudo el invierno,   330
Y a la Naturaleza
De su alcázar mayor la fortaleza;
De quien, por darle paso al señorío,
La mitad de la vista cobró el frío,
En Canas, el furor de sus soldados,   335
Con la sangre de venas consulares,
Calentó los sembrados,
Fue susto del imperio,

Hízole ver la cara al cautiverio,
Dio noticia del miedo su osadía   340
A tanta presunción de monarquía.
Y peregrino, desterrado y preso
Poco después por desdeñoso hado,
Militó contra sí desesperado.
Y vengador de muertes y vitorias,   345
Y no invidioso menos de sus glorias,
Un anillo piadoso,
Sin golpe ni herida,
Más temor quitó en Roma que en él vida.
Y ya, en urna ignorada,   350
Tan grande capitán y tanto miedo
Peso serán apenas para un dedo.
Mario nos enseñó que los trofeos
Llevan a las prisiones,
Y que el triunfo que ordena la Fortuna,   355
Tiene en Minturnas cerca la laguna.
Y si te acercas más a nuestros días,
ioh Clito!, en las historias
Verás, donde con sangre las memorias
No estuvieren borradas,   360
Que de horrores manchadas
Vidas tantas están esclarecidas,
Que leerás más escándalos que vidas.
Id, pues, grandes señores,
A ser rumor del mundo;   365
Y comprando la guerra,
Fatigad la paciencia de la tierra,
Provocad la impaciencia de los mares
Con desatinos nuevos,
Solo por emular locos mancebos;   370
Y a costa de prolija desventura,
Será la aclamación de su locura.

Clito, quien no pretende levantarse
Puede arrastrar, mas no precipitarse.
El bajel que navega   375
Orilla, ni peligra ni se anega.
Cuando Jove se enoja soberano,
Más cerca tiene el monte que no el llano,
Y la encina en la cumbre
Teme lo que desprecia la legumbre.   380
Lección te son las hojas,
Y maestros las peñas.
Avergüénzate, ¡oh Clito!,
Con alma racional y entendimiento,
Que te pueda en España   385
Llamar rudo discípulo una caña;
Pues si no te moderas,
Será de tus costumbres, a su modo,
Verde reprehensión el campo todo.

A un ramo que se desgajó con el peso de su fruta

De tu peso vencido,
Verde honor del verano,
Yaces en este llano
Del tronco antiguo y noble desasido.
Dando venganza estás de ti a los vientos,   5
Cuyas líquidas iras despreciabas,
Cuando de ellos con ellas murmurabas,
Imitando a mis quejas los acentos.
Humilde agora entre las yerbas suenas,
Cosa que de tu altura   10
Nunca temer pudieron las arenas;
Y ofendida del tiempo tu hermosura,
Ocupa en la ribera
El lugar que ocupó tu propia sombra.
Menos gastos tendrá la primavera   15
En vestir este valle
Después que faltas a su verde alfombra.
¿Qué hará el jilguero dulce cuando halle
Su patria con tus hojas en el suelo?
¿Y la parlera fuente,   20
Que aun ignorante de prisión de yelo,
Exenta de la sed del Sol corría?
Sin duda llorará con su corriente
La licencia que has dado en ella al día.
Tendrá un retrato menos   25
Pisuerga que mostrar al caminante
En sus cristales puros.
Cualquier pájaro amante
Desiertos dejará tus brazos duros,
Y vengo a poner duda   30
Si, para que te habite en llanto tierno,
A la tórtola basta el ser viuda.

Y porque tengo miedo que el invierno
Pondrá necesidad a algún villano,
Tal, que se atreva con ingrata mano   35
A encomendarte al fuego,
Yo te quiero llevar a mi cabaña,
Por lo que mi cansancio, estando ciego,
A tu sombra le debe.
Descansarás el báculo de caña   40
Con que mi vida tristes años mueve;
Y ojalá que yo fuera
Rey, como soy pastor de la ribera,
Que, cetro antes que báculo cansado,
No canas sustentaras, sino estado.   45

Canción fúnebre en la Muerte de don Luis Carrillo y Sotomayor, caballero de la orden de Santiago, y Cuatralbo de las galeras de España

Miré ligera Nave,
Que con alas de lino en presto vuelo
Por el aire suave
Iba segura del rigor del Cielo,
Y de tormenta grave.   5
En los Golfos del Mar el Sol nadaba
Y en sus ondas temblaba;
Y ella, preñada de riquezas sumas,
Rompiendo sus cristales,
Le argentaba de espumas,   10
Cuando en furor iguales,
En sus velas los vientos se entregaron.
Y dando en un bajío,
Sus leños desató su mismo brío,
Que de escarmientos todo el Mar poblaron,   15
Dejando de su pérdida en memoria
Rotas jarcias, parleras de su historia.
En un hermoso prado
Verde Laurel reinaba presumido,
De pájaros poblado   20
Que, cantando, robaban el sentido
Al Argos del cuidado.
De verse con su adorno tan galana
La Tierra estaba ufana,
Y en aura blanda la adulaba el viento,   25
Cuando una nube fría
Hurtó en breve momento
A mis ojos el día;
Y arrojando del seno un duro rayo,
Tocó la Planta bella   30

Y juntamente derribó con ella
Toda la gala, Primavera y Mayo.
Quedó el suelo de verde honor robado,
Y vio en cenizas su soberbia el prado.
Vi, con pródiga vena   35
De parlero cristal, un Arroyuelo
Jugando con la arena,
Y enamorando de su risa al Cielo.
A la margen amena,
Una vez murmurando, otra corriendo,   40
Estaba entreteniendo;
Espejo guarnecido de esmeralda
Me pareció, al miralle,
Del prado, la guirnalda,
Mas abrióse en el valle   45
Una envidiosa cueva de repente;
Enmudeció el Arroyo,
Creció la oscuridad del negro hoyo,
Y sepultó recién nacida fuente,
Cuya corriente breve restauraron   50
Ojos, que de piadosos la lloraron.
Un pintado Jilguero,
Más ramillete que ave parecía;
Con pico lisonjero
Cantor del Alba, que despierta al día;   55
Dulce cuanto parlero
Su libertad alegre celebraba,
Y la paz que gozaba,
Cuando en un verde y apacible ramo,
Codicioso de sombra,   60
Que sobre varia alfombra
Le prometió un reclamo,
Manchadas con la liga vi sus galas;
Y de enemigos brazos

En largas redes, en nudosos lazos,   65
Presa la ligereza de sus alas,
Mudando el dulce, no aprendido canto,
En lastimero son, en triste llanto.
Nave tomó ya puerto;
Laurel se ve en el Cielo trasplantado,   70
Y de él teje corona;
Fuente, hoy más pura, a la de Gracia corre
Desde aqueste desierto;
Y pájaro, con tono regalado,
Serafín pisa ya la mejor zona,   75
Sin que tan alto nido nadie borre.
Así que el que a don Luis llora no sabe
Que, Pájaro, Laurel y Fuente y Nave
Tiene en el Cielo, donde fue escogido,
Flores y Curso largo y Puerto y Nido.   80

El reloj de arena

¿Qué tienes que contar, reloj molesto,
En un soplo de vida desdichada
Que se pasa tan presto?
¿En un camino que es una jornada
Breve y estrecha de este al otro polo,   5
Siendo jornada que es un paso solo?
Que si son mis trabajos y mis penas,
No alcanzaras allá, si capaz vaso
Fueses de las arenas,
En donde el alto mar detiene el paso.   10
Deja pasar las horas sin sentirlas,
Que no quiero medirlas,
Ni que me notifiques de esa suerte
Los términos forzosos de la muerte.
No me hagas más guerra,   15
Déjame y nombre de piadosa cobra,
Que harto tiempo me sobra
Para dormir debajo de la tierra.
Pero si acaso por oficio tienes
El contarme la vida,   20
Presto descansarás, que los cuidados
Mal acondicionados
Que alimenta lloroso
El corazón cuitado y lastimoso,
Y la llama atrevida   25
Que amor, ¡triste de mí!, arde en mis venas
(menos de sangre que de fuego llenas),
No solo me apresura
La muerte pero abréviame el camino:
Pues con pie doloroso,   30
Mísero peregrino,
Doy cercos a la negra sepultura.

Bien sé que soy aliento fugitivo;
Ya sé, ya temo, ya también espero
Que he de ser polvo, como tú, si muero;   35
Y que soy vidrio, como tú, si vivo.

Reloj de campanilla

El metal animado,
A quien mano atrevida, industriosa,
Secretamente ha dado
Vida aparente en máquina preciosa:
Organizando atento   5
Sonora voz a docto movimiento,
En quien, desconocido
Espíritu secreto brevemente
En un orbe ceñido,
Muestra el camino de la luz ardiente;   10
Y con rueda importuna,
Los trabajos del Sol y de la Luna;
Y entre ocasos y auroras,
Las peregrinaciones de las horas.
Máquina en que el artífice, que pudo   15
Contar pasos al Sol, horas al día,
Mostró más providencia que osadía,
Fabricando en metal disimuladas
Advertencias sonoras repetidas,
Pocas veces creídas,   20
Muchas veces contadas.
Tú, que estás muy preciado
De tener el más cierto, el más limado,
Con diferente oído,
Atiende a su intención y a su sonido.   25
La hora irrevocable que dio llora,
Prevén la que ha de dar y la que cuentas,
Lógrala bien, que en una misma hora
Te creces y te ausentas.
Si le llevas curioso,   30
Atiéndele prudente,
Que los blasones de la edad desmiente

Y en traje de reloj llevas contigo,
De el mayor enemigo,
Espía desvelada y elegante: 35
A ti tan semejante,
Que presumiendo de abreviar ligera
La vida al Sol, al cielo la carrera,
Fundas toda esta máquina admirada
En una cuerda enferma y delicada;   40
Que, como la salud en el más sano,
Se gasta con sus ruedas y su mano.
Estima sus recuerdos,
Teme sus desengaños,
Pues ejecuta plazos de los años;   45
Y en él te da secreto
A cada Sol que pasa, a cada rayo,
La muerte un contador, el tiempo un ayo.

El reloj de Sol

    ¿Ves, Floro, que, prestando la aritmética
Números a la docta geometría,
Los pasos de la luz le cuenta al día?
¿Ves por aquella línea bien fijada
A su meridiano, y a su altura,   5
Del Sol la velocísima hermosura
Con certeza espiada?
¿Agradeces curioso
El saber cuanto vives,
Y la luz y las horas que recibes?   10
Empero, si olvidares estudioso,
Con pensamiento ocioso,
El saber cuanto mueres,
Ingrato a tu vivir, y morir eres:
Pues tu vida, si atiendes su doctrina,   15
Camina al paso que su luz camina.
No cuentes por sus líneas solamente
Las horas, sino lógrelas tu mente,
Pues en él recordada
Ves tu muerte en tu vida retratada;   20
Cuando tú, que eres sombra,
Pues la santa verdad así te nombre,
Como la sombra suya peregrino,
Desde un número en otro tu camino
Corres, y pasajero   25
Te aguarda sombra el número postrero.

Túmulo de la mariposa

Yace pintado amante,
De amores de la luz muerta de amores,
Mariposa elegante,
Que vistió rosas y voló con flores;
Y codicioso el fuego de sus galas,   5
Ardió dos primaveras en sus alas.
El aliño de el prado,
Y la curiosidad de primavera,
Aquí se han acabado,
Y el galán breve de la cuarta esfera,   10
Que con dudoso y divertido vuelo
Las lumbres quiso amartelar del cielo.
Clementes hospedaron
A duras salamandras llamas vivas,
Su vida perdonaron: 15
Y fueron rigurosas, como esquivas,
Con el galán idólatra, que quiso
Morir como Faetón, siendo Narciso.
No renacer hermosa,
Parto de la ceniza, y de la muerte,   20
Como fénix gloriosa,
Que su linaje entre las llamas vierte,
Que no sabe de amor y de terneza
Lo llamará desdicha, y es fineza.
Su tumba fue su amada,   25
Hermosa, sí, pero temprana, y breve,
Ciega, y enamorada,
Mucho al amor, y poco al tiempo debe,
Y pues en sus amores se deshace,
Escríbase: Aquí goza, donde yace.   30

Himno a las estrellas

A vosotras, estrellas,
Alza el vuelo mi pluma temerosa,
Del piélago de luz ricas centellas;
Lumbre que enciende triste y dolorosa
A las exequias del difunto día,   5
Huérfano de su luz la noche fría;
Ejército de oro,
Que, por campañas de zafir marchando,
Guardáis el trono del eterno coro
Con diversas escuadras militando;   10
Argos divino de cristal y fuego,
Por cuyos ojos vela el mundo ciego;
Señas esclarecidas
Que, con llama parlera y elocuente,
Por el mudo silencio repartidas,   15
A la sombra servís de voz ardiente;
Pompa que da la noche a sus vestidos,
Letras de luz, misterios encendidos.
De la tiniebla triste,
Preciosas joyas, y del sueño helado,   20
Galas, que en competencia del Sol viste;
Espías del amante recatado,
Fuentes de luz para animar el suelo,
Flores lucientes del jardín del cielo.
Vosotras de la Luna   25
Familia relumbrante, ninfas claras,
Cuyos pasos arrastran la fortuna,
Con cuyos movimientos muda caras,
árbitros de la paz y de la guerra,
Que, en ausencia del Sol, regís la tierra;   30
Vosotras, de la suerte
Dispensadores luces tutelares,

Que dais la vida, que acercáis la muerte,
Mudando de semblante, de lugares;
Llamas, que habláis con doctos movimientos,   35
Cuyos trémulos rayos son acentos;
Vosotras, que enojadas
A la sed de los surcos y sembrados,
La bebida negáis, o ya abrasadas
Dais en ceniza el pasto a los ganados,   40
Y si miráis benignas y clementes,
El cielo es labrador para las gentes;
Vosotras, cuyas leyes
Guarda observante el tiempo en toda parte,
Amenazas de príncipes y reyes,   45
Si os aborta Saturno, Jove o Marte;
Ya fijas vais, o ya llevéis delante
Por lúbricos caminos greña errante;
Si amasteis en la vida,
Y ya en el firmamento estáis clavadas,   50
Pues la pena de amor nunca se olvida,
Y aún suspiráis en signo transformadas,
Con Amarilis, ninfa la más bella,
Estrellas ordenad, que tenga estrella.
Si entre vosotras una   55
Miró sobre su parto y nacimiento,
Y de ella se encargó desde la cuna,
Dispensando su acción, su movimiento;
Pedidla, estrellas, a cualquier que sea,
Que la incline siquiera a que me vea.   60
Yo, en tanto desatado
En humo, rico aliento de Pancaya,
Haré que peregrino y abrasado,
En busca vuestra por los aires vaya:
Recataré del Sol la lira mía,   65
Y empezará a cantar muriendo el día.

Las tenebrosas aves,
Que el silencio embarazan con gemido,
Volando torpes y cantando graves,
Más agüeros que tonos al oído,   70
Para adular mis ansias y mis penas,
Ya mis musas serán, ya mis sirenas.

Hero y Leandro

   Esforzóse pobre luz
A contrahacer el Norte,
A ser piloto el deseo,
A ser farol una torre.
Atrevióse a ser Aurora   5
Una boca a media noche,
A ser bajel un amante,
Y dos ojos a ser Soles.
Embarcó todas sus llamas
El Amor en este joven,   10
Y caravana de fuego,
Navegó Reinos Salobres.
Nuevo prodigio del Mar
Le admiraron los Tritones;
Con centellas, y no escamas,   15
El agua le desconoce.
Ya el Mar le encubre enojado,
Ya piadoso le socorre,
Cuna de Venus le mece,
Reino sin piedad le esconde.   20
Pretensión de mariposa
Le descaminan los Dioses:
Intentos de Salamandra
Permiten que se malogren.
Si llora, crece su muerte,   25
Que aun no le dejan que llore;
Si ella suspira, le aumenta
Vientos que le descomponen.
Armó el estrecho de Abido,
Juntaron vientos feroces   30
Contra una vida sin alma
Un ejército de montes:

Indigna hazaña del Golfo,
Siendo amenaza del Orbe,
Juntarse con un Cuidado   35
Para contrastar un hombre.
Entre la luz y la muerte
La vista dudosa pone;
Grandes Volcanes suspira
Y mucho piélago sorbe.   40
Pasó el mar en un gemido
Aquel espíritu noble:
Ofensa le hizo Neptuno,
Estrella le hizo Jove,
De los bramidos del Ponto   45
Hero formaba razones,
Descifrando de la orilla
La confusión en sus voces.
Murió sin saber su muerte,
Y expiraron tan conformes,   50
Que el verle muerto añadió
La ceremonia del golpe.
De piedad murió la luz,
Leandro murió de amores,
Hero murió de Leandro,   55
Y Amor de envidia murióse.

Abomina el abuso de la gala de los disciplinantes

    Deja la procesión, súbete al paso,
Íñigo; toma puesto en la coluna,
Pues va azotando a Dios tu propio paso.
Las galas que se quitan Sol y Luna
Te vistes, y, vilísimo gusano,   5
Afrentas las estrellas una a una.
El hábito sacrílego y profano
En el rostro de Cristo juntar quieres
Ron la infame saliva y con la mano.
Con tu sangre le escupes y le hieres;   10
Con el beso de Judas haces liga,
Y por escarnecer su muerte, mueres.
No es acción de piedad, sino enemiga,
A sangre y fuego perseguir a Cristo,
Y quieres que tu pompa se lo diga.   15
No fue de los demonios tan bienquisto
El que le desnudó para azotalle,
Como en tu cuerpo el traje que hemos visto,
Pues menos de cristiano que de talle,
Preciado con tu sangre malhechora,   20
La suya azotas hoy de calle en calle.
El sayón que de púrpura colora
Sus miembros soberanos te dejara
El vil oficio, si te viera agora.
Él, mas no Jesucristo, descansara,   25
Pues mudara verdugo solamente,
Que más festivamente le azotara.
El bulto del sayón es más clemente:
él amaga el azote levantado,
Tú le ejecutas, y el Señor le siente.   30
Menos vienes galán que condenado,
Pues de la Cruz gracejas con desprecio,

Bailarín y Narciso del pecado.
En tu espalda le hieres tú más recio
Que el ministro en las suyas, y contigo   35
Comparado, se muestra menos necio.
Él es de Dios, mas no de sí enemigo;
Tú de Dios y de ti, pues te maltratas,
Teniendo todo el cielo por castigo.
Vestido de ademanes y bravatas,   40
Nueva afrenta te añades a la historia
De la pasión de Cristo, que dilatas.
¿No ves que solamente la memoria
De aquella sangre en que la Virgen pura
Hospedó los imperios de la gloria,   45
El cerco de la Cruz en sombra oscura
Desmaya la viveza de su llama
Y apaga de la Luna la hermosura?
La noche por los cielos se derrama,
Vistiendo largo luto al firmamento;   50
El fuego llora, el Oceano brama,
Gime y suspira racional el viento,
Y, a falta de afligidos corazones,
Los duros montes hacen sentimiento.
Y tú, cuyos delitos y traiciones   55
Causan este dolor, das parabienes
De su misma maldad a los sayones.
Recelo que a pedir albricias vienes
Desta fiereza al pueblo endurecido,
Preciado de visajes y vaivenes.   60
Más te valiera nunca haber nacido
Que aplaudir los tormentos del Cordero,
De quien te vemos lobo, no valido.
La habilidad del diablo considero
En hacer que requiebre con la llaga,   65
Y por bien azotado, un caballero;

Y en ver que el alma entera aquél le paga,
Que capirote y túnica le aprueba,
Mientras viene quien más cadera haga.
Y es invención de condenarse nueva   70
Llevar la penitencia del delito
Al mismo infierno que el delito lleva.
Desaliñado llaman al contrito,
Pícaro al penitente y al devoto,
Y solo tiene séquito el maldito.   75
Dieron crédito al ruido y terremoto
Los muertos, y salieron lastimados;
Y cuando el templo ve su velo roto,
El velo, en que nos muestras tus pecados
Transparentes, se borda y atavía,   80
De la insolencia pública preciados.
Considera que llega el postrer día
En que de este cadáver, que engalanas,
Con asco y miedo, la alma se desvía;
Y que de las cenizas que profanas,   85
Subes al tribunal, que no recibe
En cuenta calidad y excusas vanas.
Allí verás cómo tu sangre escribe
Proceso criminal contra tu vida,
Donde es fiscal Verdad, que siempre vive.   90
Hallarás tu conciencia prevenida
Del grito a que cerraste las orejas,
Cuando en tu pecho predicó escondida.
Los suspiros, las ansias y las quejas
Abrirán contra ti la negra boca   95
Por el llanto de Cristo, que festejas.
¿Con qué [razón] podrá tu frente loca
Invocar los azotes del Cordero,
Si de ellos grande número te toca?
A los que Cristo recibió primero,   100

Juntos verás los que después le diste
En competencia del ministro fiero.
A su Madre Santísima añadiste
El octava dolor, y en sus entrañas
Cuchillo cada abrojo tuyo hiciste.   105
Acusaránte abiertas las montañas,
Las piedras rotas, y a tan gran porfía
Atenderán las furias más extrañas.
Y presto sobre ti verás el día
De Dios, y en tu castigo el desengaño   110
De tan facinorosa hipocresía.
La justicia de Dios reinará un año,
Y en dos casas verás tus disparates
Llorar su pena o padecer su daño.
Cristiano y malo, irás a los orates;   115
Al Santo Oficio irás, si no lo fueres,
Porque si no te enmiendas, te recates.
Y, cruenta oblación de las mujeres,
Vivirás sacrificio de unos ojos
Que te estiman, al paso que te hieres   120
Y te llevan el alma por despojos.

El sueño

¿Con qué culpa tan grave,
Sueño blando y suave,
Pude en largo destierro merecerte,
Que se aparte de mí tu olvido manso?
Pues no te busco yo por ser descanso   5
Sino por muda imagen de la muerte.
Cuidados veladores
Hacen inobedientes mis dos ojos
A la ley de las horas:
No han podido vencer a mis dolores   10
Las noches, ni dar paz a mis enojos.
Madrugan más en mí que en las auroras
Lágrimas a este llano,
Que amanece a mi mal siempre temprano;
Y tanto, que persuade la tristeza   15
A mis dos ojos, que nacieron antes
Para llorar, que para verse sueño.
De sosiego los tienes ignorantes,
De tal manera, que al morir el día
Con luz enferma vi que permitía   20
El Sol que le mirasen en Poniente.
Con pies torpes al punto, ciega y fría,
Cayó de las estrellas blandamente
La noche, tras las pardas sombras mudas,
Que el sueño persuadieron a la gente.   25
Escondieron las galas a los prados,
Estas laderas y sus peñas solas;
Duermen ya entre sus montes recostados
Los mares y las olas.
Si con algún acento   30
Ofenden las orejas,
Es que entre sueños dan al cielo quejas

Del yerto lecho y duro acogimiento,
Que blandos hallan en los cerros duros.
Los arroyuelos puros 35
Se adormecen al son del llanto mío,
Y a su modo también se duerme el río.
Con sosiego agradable
Se dejan poseer de ti las flores;
Mudos están los males, 40
No hay cuidado que hable,
Faltan lenguas y voz a los dolores,
Y en todos los mortales
Yace la vida envuelta en alto olvido.
Tan solo mi gemido 45
Pierde el respeto a tu silencio santo:
Yo tu quietud molesto con mi llanto,
Y te desacredito
El nombre de callado, con mi grito.
Dame, cortés mancebo, algún reposo: 50
No seas digno del nombre de avariento,
En el más desdichado y firme amante,
Que lo merece ser por dueño hermoso.
Débate alguna pausa mi tormento;
Gózante en las cabañas, 55
Y debajo del cielo
Los ásperos villanos:
Hállate en el rigor de los pantanos,
Y encuéntrate en las nieves y en el hielo
El soldado valiente, 60
Y yo no puedo hallarte, aunque lo intenté,
Entre mi pensamiento y mi deseo.
Ya, pues, con dolor creo
Que eres más riguroso que la tierra,
Más duro que la roca, 65
Pues te alcanza el soldado envuelto en guerra;

Y en ella mi alma
Por jamás te toca.
Mira que es gran rigor: dame siquiera
Lo que de ti desprecia tanto avaro,   70
Por el oro en que alegre considera,
Hasta que da la vuelta el tiempo claro.
Lo que había de dormir en blando lecho,
Y da el enamorado a su señora,
Y a ti se te debía de derecho;   75
Dame lo que desprecia de ti agora
Por robar el ladrón; lo que desecha
El que envidiosos celos tuvo y llora.
Quede en parte mi queja satisfecha,
Tócame con el cuento de tu vara,   80
Oirán siquiera el ruido de tus plumas
Mis desventuras sumas;
Que yo no quiero verte cara a cara,
Ni que hagas más caso
De mí, que hasta pasar por mí de paso;   85
O que a tu sombra negra por lo menos,
Si fueres a otra parte peregrino,
Se le haga camino
Por estos ojos de sosiego ajenos.
Quítame, blando sueño, este desvelo,   90
O de él alguna parte,
Y te prometo, mientras viere el cielo,
De desvelarme solo en celebrarte.

Letrillas

Letrilla satírica

Y no lo digo por mal
Deseado he desde niño,
Y antes si puede ser antes,
Ver un Médico sin guantes
Y un abogado lampiño,   5
Un Poeta con aliño,
Un Romance sin orillas,
Un Sayón con pantorrillas,
Un Criollo liberal,
Y no lo digo por mal.   10
Ayer sobre dos astillas
Andaba el Señor Bicoca,
Y hoy, la barriga a la boca,
Lleva ya las pantorrillas.
Eran todas espinillas   15
Ayer las piernas de Antón,
Y la una es hoy colchón,
Y la otra es hoy costal.
Y no lo digo por mal.
El vejete palabrero   20
Que a poder de letuario,
Acostándose Canario
Se nos levanta jilguero,
Su Jordán es el tintero,
Y con barbas colorines   25
Trae bigotes arlequines,
Como el arco celestial.
Y no lo digo por mal.
Con más barbas que desvelos
El Letrado cazapuestos   30
La caspa alega por textos,
Por leyes cita los pelos.

A puras barbas y duelos,
Pretende ser el Doctor
De Brujas Corregidor,   35
Como el barbado infernal.
Y no lo digo por mal.
Que amanezca con copete
La vejiga del Notario,
Anteyer Monte Calvario,   40
Ahora Monte Olivete;
Si no Calvino, Calvete
Con casco de morteruelo,
Hoy Garza y ayer Mochuelo,
Coronilla de atabal.   45
Y no lo digo por mal.
Cura gracioso y parlando
Sus vecinas el Doctor,
Y siendo grande hablador
Es un mátalascallando.   50
A su mula mata andando,
Sentado mata al que cura,
A su cura sigue el Cura
Con réquiem y funeral.
Y no lo digo por mal.   55
El signo del escribano,
Dice un Astrólogo Inglés,
Que el signo de Cáncer es,
Que come a todo Cristiano.
Es su pluma de Milano,   60
Que a todo pollo da bote,
Y también es de Virote,
Tirando al blanco de un Real.
Y no lo digo por mal.
El pobretón más cruel   65
Que sin dinero se viere,

Tendrá mosca, si se hiciere
En el verano pastel;
Pastelerito novel
Que, sin murmurar excesos,   70
Nos desentierras los huesos
Y eres Cuaresma en carnal.
Y no lo digo por mal.

Letrilla lírica

Flor que cantas, flor que vuelas,
Y tienes por facistol
El laurel, ¿para qué al Sol
Con tan sonoras cautelas,
Le madrugas y desvelas?   5
Digasmé,
Dulce jilguero, ¿por qué?

Dime, cantor ramillete,
Lira de pluma volante,
Silbo alado y elegante,   10
Que en el rizado copete
Luces flor, suenas falsete,
¿por qué cantas con porfía
Invidia, que llora el día,
Con lágrimas de la aurora,   15
Si en la risa de Lidora
Su amanecer desconsuelas?

Flor que cantas, flor que vuelas,
Y tienes por facistol
El laurel, ¿para qué al Sol   20
Con tan sonoras cautelas,
Le madrugas y desvelas?
Digasmé,
Dulce jilguero, ¿por qué?

¿En un átomo de pluma,   25
Como tal concento cabe?
¿Cómo se esconde en una ave
Cuanto el contrapunto suma?
¿Qué dolor hay, que presuma

Tanto mal de su rigor,   30
Que no suspenda el dolor
Al Iris breve, que canta,
Llena tan chica garganta
De orfeos y de vigüelas?

  Flor que cantas, flor que vuelas,   35
Y tienes por facistol
El laurel, ¿para qué al Sol
Con tan sonoras cautelas,
Le madrugas y desvelas?
Digasmé,   40
Dulce jilguero, ¿por qué?

  Voz pintada, canto alado,
Poco al ver, mucho al oído,
¿dónde tienes escondido
Tanto instrumento templado?   45
Recata de mi cuidado
Tus músicas y alegrías,
Que las malas compañías
Te volverán los cantares
En lágrimas, y pesares,   50
Por más que a sirena anhelas.

  Flor que cantas, flor que vuelas,
Y tienes por facistol
El laurel, ¿para qué al Sol
Con tan sonoras cautelas,   55
Le madrugas y desvelas?
Digasmé,
Dulce jilguero, ¿por qué?

Letrilla satírica

La Morena que yo adoro
Y más que a mi vida quiero,
En Verano toma el acero
Y en todos tiempos el oro.
Opilóse, en conclusión,   5
Y levantóse a tomar
Acero para gastar
Mi hacienda y su opilación.
La cuesta de mi bolsón
Sube, y nunca menos cuesta;   10
Mala enfermedad es ésta,
Si la ingrata que yo adoro
Y más que mi vida quiero,
En verano toma el acero
Y en todos tiempos el oro.   15
Anda por sanarse a sí,
Y anda por dejarme en cueros;
Toma acero, y muestra aceros
De no dejar blanca en mí.
Mi bolsa peligra aquí,   20
Ya en la postrer boqueada;
La suya nunca cerrada
Para chupar el tesoro
De mi florido dinero,
Tomando en verano acero   25
Y en todos tiempos el oro.
Es niña que por tomar
Madruga antes que amanezca,
Porque en mi bolsa anochezca;
Que andar tras esto es su andar.   30
De beber se fue a opilar;
Chupando se desopila,

Mi dinero despabila.
El que la dora es Medoro;
El que no, pellejo y cuero: 35
En verano toma el acero
Y en todos tiempos el oro.

Letrilla satírica

Solamente un dar me agrada,
Que es el dar en no dar nada.
Si la prosa que gasté
Contigo, niña, llore,
Y aun hasta agora la lloro,   5
¿qué haré la plata y el oro?
Ya no he de dar, si no fuere
Al diablo, a quien me pidiere;
Que tras la burla pasada,
Solamente un dar me agrada,   10
Que es el dar en no dar nada.

Yo sé que si desta tierra
Llevara el rey a la guerra
A niña que yo nombrara,
Que a toda Holanda tomara,   15
Por saber tomar mejor
Que el ejército mayor
De gente más dotrinada,
Solamente un dar me agrada,
Que es el dar en no dar nada.   20

Solo apacibles respuestas,
Y nuevas de algunas fiestas
Le daré a la más altiva;
Que de diez reales arriba,
Ya en todo mi juicio pienso   25
Que se pueden dar a censo,
Mejor que a paje o criada.
Solamente un dar me agrada,
Que es el dar en no dar nada.

Sola me dio una mujer,   30
Y esa me dio en que entender;
Yo entendí que convenía
No dar en la platería,
Y aunque en ella a muchas vi,
Solo palabra las di,   35
De no dar plata labrada.
Solamente un dar me agrada,
Que es el dar en no dar nada.

Letrilla satírica

Pues amarga la verdad,
Quiero echarla de la boca;
Y si al alma su hiel toca,
Esconderla es necedad.
Sépase, pues libertad   5
Ha engendrado en mí pereza
La pobreza.

¿Quién hace al ciego galán
Y prudente al sin consejo?
¿Quién al avariento viejo   10
Le sirve de río Jordán?
¿Quién hace de piedras pan,
Sin ser el Dios verdadero?
El dinero.

¿Quién con su fiereza espanta,   15
El cetro y corona al rey?
¿Quién careciendo de ley
Merece nombre de santa?
¿Quién con la humildad levanta
A los cielos la cabeza?   20
La pobreza.

¿Quién los jueces con pasión,
Sin ser ungüento, hace humanos,
Pues untándolos las manos
Los ablanda el corazón?   25
¿Quién gasta su opilación
Con oro, y no con acero?
El dinero.

¿Quién procura que se aleje
Del suelo la gloria vana?   30
¿Quién siendo tan cristiana,
Tiene la cara de hereje?
¿Quién hace que al hombre aqueje
El desprecio y la tristeza?
La pobreza.   35

     ¿Quién la montaña derriba
Al valle, la hermosa al feo?
¿Quién podrá cuanto el deseo,
Aunque imposible, conciba?
¿Y quién lo de abajo arriba   40
Vuelve en el mundo ligero?
El dinero.

Letrilla satírica

Solamente un dar me agrada,
Que es el dar en no dar nada.
Si la prosa que gasté
Contigo, niña, lloré,
Y aún hasta ahora la lloro,   5
¿Qué haré la plata y el oro?
Ya no he de dar, si no fuere
Al diablo, a quien me pidiere;
Que tras la burla pasada
Solamente un dar me agrada,   10
Que es el dar en no dar nada.
Yo sé que si de esta tierra
Llevara el Rey a la guerra
La niña que yo nombrara,
Que a toda Holanda tomara,   15
Por saber tomar mejor
Que el ejército mayor
De gente más doctrinada.
Solamente un dar me agrada,
Que es el dar en no dar nada.   20
Solo apacibles respuestas
Y nuevas de algunas fiestas
Le daré a la más altiva;
Que de diez reales arriba,
Ya en todo mi juicio pienso   25
Que se pueden dar a censo,
Mejor que a paje o criada.
Solamente un dar me agrada,
Que es el dar en no dar nada.
Sola me dio una mujer,   30
Y ésa me dio en qué entender,
Yo entendí que convenía

No dar en la platería,
Y aunque en ella a muchas vi,
Solo palabra las di   35
De no dar plata labrada.
Solamente un dar me agrada,
Que es el dar en no dar nada.

Letrilla lírica

Rosal, menos presunción,
Donde están las clavellinas,
Pues serán mañana espinas
Las que agora rosas son.

¿De qué sirve presumir,   5
Rosal, de buen parecer,
Si aún no acabas de nacer
Cuando empiezas a morir?
Hace llorar y reír
Vivo y muerto tu arrebol,   10
En un día o en un Sol;
Desde el oriente al ocaso
Va tu hermosura en un paso,
Y en menos tu perfección.

Rosal, menos presunción,   15
Donde están las clavellinas,
Pues serán mañana espinas
Las que agora rosas son.

No es muy grande la ventaja
Que tu calidad mejora: 20
Si es tu mantilla la aurora,
Es la noche tu mortaja:
No hay florecilla tan baja
Que no te alcance de días,
Y de tus caballerías,   25
Por descendiente del alba,
Se está riyendo la malva,
Caballera de un terrón.

Rosal, menos presunción,
Donde están las clavellinas,
Pues serán mañana espinas
Las que agora rosas son.

Letrilla satírica

Mas no ha de salir de aquí.
Yo, que nunca sé callar,
Y solo tengo por mengua
No vaciarme por la lengua
Y el morirme por hablar,   5
A todos quiero contar
Cierto secreto que oí,
Mas no ha de salir de aquí.
Mediquillo se consiente
Que al que enferma y va a curallo,   10
Yendo a mula, va a caballo,
Y por la posta el doliente.
Y viéndole tan valiente,
Llámanle el Doctor Sofí,
Mas no ha de salir de aquí.   15
Mandádose ha pregonar
Que digan, midiendo cueros,
«¡Agua va!» los taberneros,
Como mozas de fregar,
Que dejen el bautizar   20
A los Curas de Madrí,
Mas no ha de salir de aquí.
Dicen, y es bellaquería,
Que hay pocos cogotes salvos
Y que, según hay de calvos   25
Que como hay zapatería,
Ha de haber cabellería
Para poblarlos allí,
Mas no ha de salir de aquí.
Los perritos regalados   30
Que a pasteleros se llegan,
Si con ellos veis que juegan,

Ellos quedarán picados,
Habrá estómagos ladrados
Si comen lo que comí,   35
Mas no ha de salir de aquí.
Madre diz que hay caracol
Que su casa trae a cuestas,
Y los Domingos y fiestas
Saca sus hijas al Sol.   40
La vieja es el facistol,
Las niñas solfean por sí,
Mas no ha de salir de aquí.
Yo conozco Caballero
Que entinta el cabello en vano,   45
Y por no parecer cano,
Quiere parecer tintero;
Y siendo nieve de Enero,
De Mayo se hace alhelí,
Mas no ha de salir de aquí.   50
Invisible viene a ser
Por su pluma y por su mano
Cualquier maldito escribano,
Pues nadie los puede ver.
Culpas le dan de comer: 55
Al diablo sucede así.
Mas no ha de salir de aquí.
Maridillo hay que retrata
Los cuchillos verdaderos,
Que al principio tiene aceros   60
Y al cabo en cuerno remata;
Mas su mujer de hilar trata
El cerro de Potosí.
Mas no ha de salir de aquí.
Y afirman en conclusión   65
De los oficios que canto

Que ya no hay oficio santo
Sino el de la Inquisición.
Quien no es ladrillo es ladrón,
Toda mi vida lo oí,   70
Mas no ha de salir de aquí.

Letrilla satírica

Vuela, pensamiento, y diles
A los ojos que más quiero,
Que hay dinero.

Del dinero que pidió
A la que adorando estás,   5
Las nuevas le llevarás,
Pero los talegos no.
Di, que doy en no dar yo,
Pues para hallar el placer,
El ahorrar y el tener   10
Han mudado los carriles.
Vuela, pensamiento, y diles
A los ojos que más quiero,
Que hay dinero.

A los ojos, que en mirallos   15
La libertad perderás,
Que hay dineros les dirás,
Pero no gana de dallos;
Yo solo pienso cerrallos,
Que no son la ley de Dios,   20
Que se han de encerrar en dos,
Si no en talegos cerriles.
Vuela, pensamiento, y diles
A los ojos que más quiero,
Que hay dinero.   25

Si con agrado te oyere
Esa esponja de la villa,
Que hay dinero has de decilla,
Y que ¡ay! de quien le diere.

Si ajusticiar te quisiere,   30
Está firme como Martos,
No te dejes hacer cuartos
De sus dedos alguaciles.
Vuela, pensamiento, y diles
A los ojos que más quiero,   35
Que hay dinero.

Letrilla satírica

Que no tenga por molesto
En doña Luisa don Juan,
Ver que a puro solimán,
Traiga medio turco el gesto,
Porque piensa que con esto   5
Ha de agradar a la gente:
    Malhaya quien lo consiente.

Que adore a Belisa un bruto,
Y que ella olvide sus leyes
Si no es cual la de los reyes   10
Adoración con tributo:
Que a todos les venda el fruto
Cuya flor llevó el ausente:
    Malhaya quien lo consiente.

Que el mercader dé en robar   15
Con avaricia crecida;
Que hurte con la medida
Sin tenerla en el hurtar;
Que pudiendo maullar,
Prender al ladrón intenté: 20
    Malhaya quien lo consiente.

Que su limpieza exagere
Porque anda el mundo al revés,
Quien de puro limpio que es,
Comer el puerco no quiere,   25
Y que aventajarse espere
Al Conde de Benavente:
    Malhaya quien lo consiente.

Que el letrado venga a ser
Rico por su mujer bella,   30
Más por su parecer de ella,
Que por su bien parecer,
Y que no pueda creer
Que esto su casa alimente:
   Malhaya quien lo consiente.   35

   Que de rico tenga fama
El médico desdichado,
Y piense que no le ha dado
Más su mujer en la cama,
Curando de amor la llama,   40
Que no en la cama el doliente:
   Malhaya quien lo consiente.

   Y que la viuda enlutada
Les jure a todos por cierto,
Que de miedo de su muerto,   45
Siempre duerme acompañada:
Que de noche esté abrazada
Por esto de algún valiente:
   Malhaya quien lo consiente.

   Que pida una y otra vez,   50
Fingiendo virgen el alma,
La tierna doncella palma,
Si es dátil su doncellez;
Y que dejándola en Fez,
La haga siempre presente: 55
   Malhaya quien lo consiente.

   Que el escribano en las salas
Quiera encubrirnos su tiña,

Siendo ave de rapiña
Con las plumas de sus alas;   60
Que echen sus cañones balas
A la bolsa del potente:
    Malhaya quien lo consiente.

    Que el que escribe sus razones
Algo de razón se aleje,   65
Y que escribiendo se deje
La verdad entre renglones:
Que por un par de doblones
Canonice al delincuente:
    Malhaya quien lo consiente.   70

Letrilla satírica

Las cuerdas de mi instrumento
Ya son en mí soledades,
Locas en decir verdades,
Con voces de mi tormento:
Su lazo a mi cuello siento,   5
Que me aflige y me importuna
Con los trastes de fortuna;
Mas pues su puente, si canto,
La hago puente de llanto,
Que vierte mi pasión loca,   10
Punto en boca.

De las damas has de hallar,
Si bien en ello reparas,
Ser de solimán las caras,
Las almas de rejalgar: 15
Piénsanse ya remozar
Y volver al color nuevo
Haciendo Jordán un huevo
Que les desmienta los años;
Mas la fe de los antaños,   20
Mal el aceite revoca.
Punto en boca.

Dase al diablo, por no dar,
El avaro al alto o bajo,
Y hasta los días de trabajo   25
Los hace días de guardar.
Cautivo por ahorrar,
Pobre para sí en dinero,
Rico para su heredero,
Si antes no para el ladrón   30

Que dio jaque a su bolsón,
Y ya perdido le invoca.
Punto en boca.

   Coche de grandeza brava
Trae con suma bizarría,   35
El hombre, que aún no lo oía
Sino cuando regoldaba.
Y el que solo estornudaba,
Ya a mil negros estornuda;
El tiempo todo lo muda.   40
Mujer casta es por mil modos
La que la hace con todos.
Mas pues a muchos les toca,
Punto en boca.

Letrilla burlesca

Galán y Dama

Galán   Si queréis alma, Leonor,
Daros el alma confío.

Dama   ¡Jesús, qué gran desvarío!
Dinero será mejor.

Galán   Ya no es nada mi dolor.   5

Dama   ¿Pues, qué es eso, señor mío?

Galán   Diome calentura y frío,
Y quitóseme el amor.

Dama   De que el alma queréis darme,
Será más razón que os dé.   10

Galán   ¿No basta el alma y la fe,
En trueco de acariciarme?

Dama   ¿Podré de ella sustentarme?

Galán   El alma, bien puede ser.

Dama   ¿Y querrá algún mercader   15
Por tela su alma trocarme?

Galán   ¿Y es poco daros, Leonor,
Si toda la alma os confío?

Dama   ¡Jesús qué gran desvarío!
Dinero fuera mejor.   20

Galán	Dareos su pena también
Dama	Mejor será una cadena Que vuestra alma, y más en pena.
Galán	Con pena pago el desdén.
Dama	Para una necesidad, No hay alma como el dinero.	25
Galán	Queredme vos como os quiero, Por sola mi voluntad.
Dama	No haremos buena amistad.
Galán	¿Por qué vuestro humor la estraga?	30
Dama	Porque cuando un hombre paga, Entonces trata verdad.
Galán	¿Qué más paga de un favor Que el alma y el albedrío?
Dama	¡Jesús, qué gran desvarío! Dinero será mejor.	35

Letrilla satírica

    Poderoso caballero
Es don Dinero.

    Madre, yo al oro me humillo:
él es mi amante y mi amado,
Pues de puro enamorado,   5
De contino anda amarillo;
Que pues, doblón o sencillo,
Hace todo cuanto quiero,
Poderoso caballero
Es don Dinero.   10

    Nace en las Indias honrado,
Donde el mundo le acompaña,
Viene a morir en España
Y es en Génova enterrado;
Y, pues quien le trae al lado   15
Es hermoso, aunque sea fiero,
Poderoso caballero
Es don Dinero.

    Es galán, y es como un oro;
Tiene quebrado el color;   20
Persona de gran valor,
Tan cristiano como moro;
Pues que da y quita el decoro
Y quebranta cualquier fuero,
Poderoso caballero   25
Es don Dinero.

    Son sus padres principales,
Y es de nobles descendiente,

Porque en las venas de Oriente
Todas las sangres son reales;   30
Y, pues es quien hace iguales
Al duque y al ganadero,
Poderoso caballero
Es don Dinero.

   Mas ¿a quién no maravilla   35
Ver en su gloria sin tasa,
Que es lo menos de su casa
Doña Blanca de Castilla?
Pero, pues da al bajo silla
Y al cobarde hace guerrero,   40
Poderoso caballero
Es don Dinero.

   Sus escudos de armas nobles
Son siempre tan principales,
Que sin sus escudos reales   45
No hay escudos de armas dobles;
Y, pues a los mismos robles
Da codicia su minero,
Poderoso caballero
Es don Dinero.   50

   Por importar en los tratos
Y dar tan buenos consejos
En las casas de los viejos
Gatos le guardan de gatos;
Y, pues él rompe recatos   55
Y ablanda al juez más severo,
Poderoso caballero
Es don Dinero.

Y es tanta su majestad,
Aunque son sus duelos hartos, 60
Que con haberle hecho cuartos,
No pierde su autoridad;
Pero, pues da calidad
Al noble y al pordiosero,
Poderoso caballero 65
Es don Dinero.

Nunca vi damas ingratas
A su gusto y afición,
Que a las caras de un doblón
Hacen sus caras baratas; 70
Y, pues hace las bravatas
Desde una bolsa de cuero,
Poderoso caballero
Es don Dinero.

Más valen en cualquier tierra 75
-imirad si es harto sagaz!-
Sus escudos en la paz,
Que rodelas en la guerra;
Y, pues al pobre le entierra
Y hace proprio al forastero, 80
Poderoso caballero
Es don Dinero.

Letrilla satírica

Todas ponemos
Sabed, vecinas,
Que mujeres y gallinas
Todas ponemos,
Unas cuernos y otras huevos.   5
Viénense a diferenciar
La gallina y la mujer,
En que ellas saben poner,
Nosotras solo quitar;
Y en lo que es cacarear   10
El mismo tono tenemos.
Todas ponemos,
Unas cuernos y otras huevos.
Docientas gallinas hallo
Yo con un gallo contentas;   15
Mas si nuestros gallos cuentas,
Mil que den son nuestro gallo;
Y cuando llegan al fallo,
En Cuclillos los volvemos.
Todas ponemos,   20
Unas cuernos y otras huevos.
En gallinas regaladas
Tener pepita es gran daño,
Y en las mujeres de ogaño
Lo es el ser despepitadas.   25
Las viejas son emplumadas,
Por darnos con que volemos.
Todas ponemos,
Unas cuernos y otras huevos.

Letrilla lírica

Que un corazón lastimado,
A quien ha dado el Amor
Por premio eterno dolor,
Por alimento el cuidado;
Constante, que no obstinado,   5
Solo tema en mal tan grave
Que se acabe o que le acabe;
Ved lo que llega a temer:
¿qué puede ser?
Que muestre tanto desdén   10
Hermosura celestial,
Que a sí misma se haga mal,
Por solo no hacerme bien;
Que invidien los que la ven
Mi pena, y que yo la estime,   15
Y que nadie se lastime
Cuando me ven padecer,
¿qué puede ser?
Que esté ardiendo en rayos rojos
Y en vivo llanto deshecho;   20
Que, estando abrasado el pecho,
Agua derramen mis ojos;
Que maltrate sus despojos
Quien venció con tanta gloria;
Que en despreciar su victoria   25
Muestre todo su poder,
¿qué puede ser?
Que me llamen «sin ventura»
Es lo que más he sentido,
Habiendo yo merecido   30
Penar por tanta hermosura;
Que llamen mi amor locura,

Porque amo sin esperar,
Sabiendo que es agraviar
Esperar sin merecer,   35
¿qué puede ser?
Que me muestre yo contento
De este mal que no se entiende;
Que estime a quien más me ofende,
Cuando crece mi tormento;   40
Que me acredite avariento
De su rigor y mi mal,
Siendo solo liberal
Del penar y padecer,
¿qué puede ser?   45
Que no se quiera apiadar,
Y que esté yo en su cadena
Tan contento con mi pena
Como ella en verme penar;
Que venga yo a desear   50
Al dolor, que es mi homicida,
Más vida que no a mi vida,
Por no verle fenecer,
¿qué puede ser?

Letrilla satírica

Yo he hecho lo que he podido;
Fortuna, lo que ha querido.

Los casos dificultosos,
Tan justamente envidiados,
Empréndenlos los honrados,   5
Y acábanlos los dichosos;
Y aunque no están envidiosos
En lo que me ha sucedido,
Yo he hecho lo que he podido;
Fortuna, lo que ha querido.   10

Yo no condeno quejosos,
No quiero ensalzar sufridos,
De bienes no merecidos
No sé cómo hay envidiosos;
Si no soy de los dichosos   15
Por haberlo merecido,
Yo he hecho lo que he podido;
Fortuna, lo que ha querido.

Lísida, siempre acontece,
Y es firme ley sin mudanza,   20
Que el bien es del que le alcanza
Y no del que le merece;
Y en vano me desvanece
Ver, que en cuanto se ha ofrecido,
Yo he hecho lo que he podido;   25
Fortuna, lo que ha querido.

Más honra al que es desdichado
Que no se sepa razón,

Que puede dar presunción
Gran lugar mal empleado;   30
No me culpa mi cuidado,
Porque en cuanto yo he vivido,
  Yo he hecho lo que he podido;
Fortuna, lo que ha querido.

  Méritos son desperdicios   35
Que ofenden todas orejas:
Para realzar las quejas
Son buenos ya los servicios;
Y aunque el sembrar beneficios
Produzca agravios y olvido,   40
  Yo he hecho lo que he podido;
Fortuna, lo que ha querido.

  De mi desdicha me fío,
De fortuna nada espero,
Si no es algún mal postrero,   45
Que será el primer bien mío:
No corra más tras desvío,
Y por no quedar corrido,
  Yo he hecho lo que he podido;
Fortuna, lo que ha querido.   50

Canciones

Llama a Aminta al campo en amoroso desafío

Pues quita al año primavera el ceño,
Y el verano risueño
Restituye a la tierra sus colores,
Y en donde vimos nieve vemos flores;
Y las plantas vestidas   5
Gozan las verdes vidas,
Dando a la voz del pájaro pintado
Las ramas sombras, y el silencio el prado:
Ven, Aminta, que quiero,
Que viéndote primero,   10
Agradezca sus flores este llano,
Más a tu blanco pie que no al verano.

Ven, veraste al espejo de esta fuente,
Pues suelta la corriente
Del cautiverio líquido del frío,   15
Perdiendo el nombre, aumenta el suyo al río.
Las aguas que han pasado,
Oirás por este prado
Llorar, no haberte visto, con tristeza:
Mas en las que mirares tu belleza   20
Verás alegre risa,
Y cómo las dan prisa,
Murmurando su suerte a las primeras,
Por poderte gozar las venideras.

Si te ofende el Sol ardiente y puro,   25
Ven, que yo te aseguro,
Que si te ofende, le has de vencer luego,
Pues se vale él de luz, y tú de fuego.
Mas si gustas de sombra,
En esta verde alfombra   30

Una vid tiene un olmo muy espeso,
No sé si diga que abrazado o preso;
Y a sombra de sus ramas
Le darán nuestras llamas,
Ya los digan abrazos o prisiones,   35
Envidia al olmo, y a la vid pasiones.

   Ven, que te aguardan ya los ruiseñores,
Y los tonos mejores,
Porque los oigas tú, dulce tirana,
Los dejan de cantar a la mañana;   40
Y los tonos mejores,
Porque los oigas tú, dulce tirana,
Los dejan de cantar a la mañana;
Tendremos invidiosas
Las tórtolas mimosas,   45
Pues viéndonos de gloria y gusto ricos,
Imitarán los labios con los picos;
Aprenderemos dellas
Soledad y querellas,
Y en pago aprenderán de nuestros lazos,   50
Su voz requiebros, y su pluma abrazos.

   ¡Ay! si llegases ya, qué tiernamente
Al ruido de esta fuente
Gastáramos las horas y los vientos,
En suspiros y músicos acentos.   55
Tu aliento bebería
En ardiente porfía,
Que igualase las flores de este suelo,
Y las estrellas con que alumbra el cielo,
Sellaría en tus ojos,   60
Soberbios con despojos,
Y en tus mejillas, sin igual, tan bellas,

Sin prado flores, y sin cielo estrellas.

   Halláramos aquí la blanca aurora
Riendo, cuando llora;   65
La noche alegre, cuando el cielo y tierra,
Tantos ojos nos abre como cierra:
Fuéramos cada instante
Nueva amada y amante,
Y así tendría en firmeza tan crecida   70
La muerte estorbo, y suspensión la vida;
Y vieran nuestras bocas,
En ramos de estas rocas,
Ya las aves consortes, ya las viudas,
Más elocuentes ser, cuanto más mudas.   75

Encarece la suma flaqueza de una dama

No os espantéis, señora Notomía,
Que me atreva este día,
Con exprimida voz convaleciente,
A cantar vuestras partes a la gente:
Que de hombre es, y de hombres importantes,   5
El caer en flaquezas semejantes.

La pulga escribió Ovidio, honor romano,
Y la mosca Luciano,
Homero de las ranas: yo confieso,
Que ellos cantaron cosa de más peso;   10
Yo escribiré, y con pluma más delgada,
Materia más sutil y delicada.

Quién tan sin carne os viere, si no es ciego,
Yo sé, que dirá luego,
Mirándoos toda puntas de rastillo,   15
Que os engendró algún miércoles corvillo.
Y quien os llama pez no desatina,
Pues sois, siendo tan negra, tan espina.

Defiéndaos Dios de sastre o zapatero,
Que aunque no sois de acero,   20
O por punzón o lesna, es caso llano,
Que ambos en competencia os echen mano.
Mas vos, para sacarles de la puja,
Juraste de vainicas por aguja.

Bien sé que apasionáis los corazones,   25
Pero es con las pasiones
De cuaresma, y traspasos de la cara,
Hiriendo amor con vos, como con jara,

Y agudo vuestro cuerpo tiene voto,
De ser aún más sutil que lo fue Seoto.   30

    Miente vuestro galán, de quien sois dama,
Si, al confesarse, os llama
Su pecado de carne, si aun al veros
No pudo en carnes, aun estando en cueros.
Pero hanme dicho, que andan por la calle   35
Picados más de dos de vuestro talle.

    Mas sepan que a mujer tan amolada,
Consumida, estrujada,
Débil, magra, sutil, buida, ligera,
Que ha menester, por no picar, contera,   40
Cualquiera, que con fin malo la toque,
Se condena a la plaga de San Roque.

    Aun la sarna no os come con su gula,
Y sola tenéis bula
Para no sustentar alma viviente,   45
Ni aun a vos, con ser toda un puro diente.
Y así, del acostarse en guijas duras,
Dicen, vuestra alma tiene mataduras.

    Hijos somos de Adán en este suelo,
La nada es nuestro abuelo;   50
Y salístele vos tan parecida,
Que apenas algo sois en esta vida.
Voz en güeco sois que llaman eco;
Mas cosa de aire son la voz, y el güeco.

    Bien, pues sin cuerpo casi, sois un alma,   55
Vuestra alma anda en la palma;
Pero los enemigos no sois della,

Que el mundo es grande, y es la carne bella;
Mas, si el argumentillo mal no entablo,
Por espíritu solo sois el diablo.   60

Hanme dicho también por cosa cierta,
Que para vos no hay puerta,
Ni postigo cerrado, ni ventana;
Porque, como la luz de la mañana,
Siendo de noche más vuestros indicios,   65
Os entráis sin sentir por los resquicios.

Pero aunque, flaca mía, tan angosta
Estéis, y tan langosta,
Tan mondada, y enjuta, y tan delgada,
Tan roída, exprimida, anonadada,   70
Que estrechamente os he de amar confío,
Siendo amor de raíz el amor mío.

Mas después de esta vida, y de tu guerra,
Que fuereis a la tierra,
Si algo queda de vos, ¿será tamaño   75
Que no saque su vientre de mal año?
Pues ¿qué ha de hacer con huésped tan enjuto,
Que le preparen tumba en un cañuto?

Un consejo os daré, de amor indicio,
Que para el día del juicio   80
Troquéis con otro muerto en las cavernas,
Desde la paletilla hasta las piernas;
Pues si devanadera os ven mondada,
No ha de haber condenada sin risada.

Pero aunque mofen los desnudos gonces,   85
Os salvaréis entonces;

Que no es posible, el premio se os impida,
Siendo acá tan estrecha vuestra vida,
Y que al justo os vendrá de bulto exenta,
Camino angosto y apretada cuenta.   90

   Verdadera canción, cortad la hebra,
Que aquel refrán no os vale,
La verdad adelgaza, mas no quiebra:
Pues hay otro refrán, y es más probado,
Que todo quiebra por lo más delgado.   95

Décimas, redondillas y madrigal

En lo penoso de estar enamorado

¡Qué verdadero dolor,
Y qué apurado sufrir!
¡Qué mentiroso vivir!
¡Qué puro morir de amor!
¡Qué cuidados a millares!   5
¡Qué encuentros de pareceres!
¡Qué limitados placeres,
Y qué colmados pesares!
¡Qué amor y qué desamor!
¡Qué ofensas!, ¡qué resistir!   10
¡Qué mentiroso vivir!
¡Qué puro morir de amor!
¡Qué admitidos devaneos!
¡Qué amados desabrimientos!
¡Qué atrevidos pensamientos,   15
Y qué cobardes deseos!
¡Qué adorado disfavor!
¡Qué enmudecido sufrir!
¡Qué mentiroso vivir!
¡Qué puro morir de amor!   20
¡Qué negociados engaños
Y qué forzosos tormentos!
¡Qué aborrecidos alientos
Y qué apetecidos daños!
¡Y qué esfuerzo y qué temor!   25
¡Qué no ver! ¡Qué prevenir!
¡Qué mentiroso vivir!
¡Qué puro morir de amor!
¡Qué enredos, ansias, asaltos!
¡Y qué conformes contrarios!   30
¡Qué cuerdos! ¡Qué temerarios!
¡Qué vida de sobresaltos!

Y que no hay muerte mayor,
Que el tenella y no morir:
¡qué mentiroso vivir!,
¡qué puro morir de amor!

35

Madrigal

Está la ave en el aire con sosiego,
En la agua el pez, la salamandra en fuego,
Y el hombre, en cuyo ser todo se encierra,
Está en sola la tierra.
Yo solo, que nací para tormentos,   5
Estoy en todos estos elementos:
La boca tengo en aire suspirando,
El cuerpo en tierra está peregrinando,
Los ojos tengo en llanto noche y día,
Y en fuego el corazón y la alma mía.   10

Pasiones de ausente enamorado

Este amor, que yo alimento
De mi propio corazón,
No nace de inclinación,
Sino de conocimiento.
Que amor de cosa tan bella, 5
Y gracia, que es infinita,
Si es elección, me acredita,
Si no acredita mi estrella.
¿Y qué deidad me pudiera
Inclinar a que te amara, 10
Que ese poder no tomara
Para sí, si le tuviera?
Corrido, señora, escribo
En el estado presente,
De que estando de ti ausente, 15
Aún parezca que estoy vivo.
Pues ya en mi pena y pasión,
Dulce Tirsi, tengo hechas
De las plumas de tus flechas
Las alas del corazón. 20
Y sin poder consolarme,
Ausente, y amando firme,
Más hago yo en no morirme,
Que hará el dolor en matarme.
Tanto he llegado a quererte, 25
Que siento igual pena en mí,
Del ver, no viéndote a ti,
Que adorándote no verte.
Si bien recelo, señora,
Que a este amor serás infiel, 30
Pues ser hermosa y cruel
Te pronostica traidora.

Pero traiciones dichosas
Serán, Tirsi, para mí,
Por ver dos caras en ti,   35
Que han de ser por fuerza hermosas.
  Y advierte que en mi pasión,
Se puede tener por cierto,
Que es decir ausente y muerto,
Dos veces una razón.   40

Décimas burlándose de todo estilo afectado

Con tres estilos alanos
Quiero asirte de la oreja,
Porque te tenga mi queja
Ya que no pueden mis manos.
La habla de los cristianos   5
Es lenguaje de ramplón;
Por eso va la razón
De un circunloquio discreto
En retruécano y conceto,
Como en calzas y en jubón.   10

Estilo primero   Amar y no merecer,
Temer y desconfiar,
Dichas son para obligar,
Penas son para ofender.
Acobardar el querer,   15
Cuando más valor aplique,
Es hacer que multiplique
El miedo su calidad,
Para más seguridad.
(¡Tómate este tique-mique!)   20

Lágrimas desconsoladas
Son descanso sin sosiego,
Y diligencias del fuego,
Más vivas cuando anegadas.
Las memorias olvidadas   25
En la voluntad sencilla
Son golfo que miente orilla,
Son tormenta lisonjera,
En donde expira el que espera.
(¡Qué linda recancanilla!)   30

El tener desconfianza
Es tener y presumir,
Y apetecer el morir
Mucho de grosero alcanza.
Quien osa tener mudanza, 35
Se culpa en el bien que asiste;
Y quien se precia de triste,
Goza con satisfacción
La pena por galardón.
(¡Pues pápate aqueste chiste!) 40

Vuelve
a proseguir   Pero, siendo tú en la villa
Dama de demanda y trote,
Bien puede ser que del mote
No hayas visto la cartilla.
Va del estilo, que brilla 45
En la culterana prosa,
Grecizante y latinosa:
Mucho será si me entiendes.
Yo vacío piras, y asciendes:
Culto va, señora hermosa. 50

Estilo segundo   Si bien el palor ligustre
Desfallece los candores,
Cuando muchos esplendores,
Conduce a poco palustre.
Construye el aroma ilustre 55
Víctima de tanto culto,
Presintiendo de tu bulto
Que rayos fulmina horrendo.
(Ni me entiendes, ni te entiendo:
Pues cátate que soy culto.) 60

Prosigue
    No me va bien con lenguaje
Tan de grados y corona:
Hablemos prosa fregona
Que en las orejas se encaje.
Yo no escribo con plumaje,   65
Sino con pluma; pues ya
Tanto bien barbado da
En escribir al revés,
óyeme tu dos por tres
Lo que digo de pe a pa.   70

Estilo tercero
    Digo, pues, que yo te quiero,
Y que quiero que me quieras,
Sin dineros, ni dineras,
Ni resabios de tendero.
De muy mala gana espero: 75
Date prisa, que si no,
Luego me cansaré yo
Y perderás este lance.
(¡Bien haya tan buen romance,
Y el padre que le engendró!)   80

Jácaras y bailes

Jácara donde refiere Mari Pizorra honores
Suyos y alabanzas

   Con mil honras, vive cribas,
Me llaman Mari Pizorra,
Y en Jerez me azotaron,
Me azotaron con mil honras.
   Por lo menos no me vieron   5
En las espaldas corcova,
Ni dije esta boca es mía,
Al levantar de la roncha.
   Tres amas a quien serví
De lo que llaman fregona,   10
Dijeron que les vaciaba
En su servicio las joyas.
   Si fue verdad, Dios lo sabe,
No quiero apurar historias;
Basta que el chillón no dixo,   15
Hechicera, ni coroza.
   Puedo llevar descubierta
La cara por toda Europa
Porque he vendido mi manto,
Y porque no tengo toca.   20
   A quien me llama liviana,
La desmienten cinco arrobas
Que peso, tómeme a cuestas
El que me cuenta por onzas.
   Nadie tiene que decir   25
De mi vida y de mis obras;
No soy la primer mujer
Que contra su gusto azotan.
   Si dicen que tengo amigos,

Eso me sirve de loa, 30
Que nunca es bueno que tengan
Enemigos las personas.
   Verdad es que me entregué
A Mojarrilla el de Soria,
De quien dieron mala cuenta 35
Algunos chismes de bolsas.
   Fue del mar, vino del mar,
Si remaba poco importa,
Los hombres van a galeras,
Que no tienen de ir las monjas. 40
   Lo del negro fue mentira
Que me levantó la Monda,
Para mi punto era bueno
Gastar pecados de sombra.
   Si ahorcaron a Pablillos, 45
La culpa tuvo la soga,
Por lo menos murió bien,
Y con ciegos a mi costa.
   La cabeza del verdugo
Le servía de garzota, 50
Y el Deo gracias de esparto
Fue pepita de la horca.
   Lo del corchete es verdad,
No haya miedo que me corra,
Mas era muy bien nacido, 55
Y soplón de ejecutoria.
   En mi vida echó las habas,
Antes me echaba a mi propia,
Llamáronme araña, y fue
Porque andaba tras la mosca. 60
   Caseme con un mulato,
Que fue la fama de Ronda,
Tener marido de estraza,

No sé yo para qué estorba.
   Comiendo la olla un martes   65
Se quedó muerto en las sopas;
Y me llaman desollada,
Y como siempre dos ollas.
   Si mi vida es la que he dicho,
¿qué tienen que hablar las trongas?   70
Tengan vergüenza y aprendan,
Que hay mucho de unas a otras.

Baile de los nadadores

Al agua nadadores,
Nadadores al agua,
Alto a guardar la ropa,
Que en eso está la gala.
En el mar de la corte,   5
En los golfos de chanzas,
Donde tocas y cintas
Disimulan escamas,
Es menester gran cuenta,
Porque a veces se atascan   10
En enaguas y ovas
Nadadores de fama.
Tiburón afeitado
Anda por esas plazas,
Armado sobre espinas,   15
Armado sobre garras.
Acuéstanse lampreas,
Sirenas se levantan;
Son mero en el estrado,
Son mielgas en la cama.   20
Ya congrio con guedejas,
Delfín con arracadas,
Que pronostican siempre
Al dinero borrascas.
Veréis unas atunes   25
Cargadas de oro y plata,
Con mantos de soplillo
Vendiendo las hijadas.
Tapadas de medio ojo,
Cada punto se hallan   30
Abadejos mujeres,
Arremendando caras.

El rico es el bonito,
El pobre es la pescada,
Las truchas son las hijas, 35
Las madres son las carpas.
   Merluzas son las lindas,
Y por salmón se pagan;
Comedla como pulpos,
Azotes con su salsa. 40
   Ballenas gordiviejas,
Corto cuello y gran panza,
Muchachuelos sardinas
De ciento en ciento tragan.
   Guárdese todo el mundo, 45
Porque quien no se guarda,
Se le comen pescados
Con verdugado y sayas.
   Los amores, madre,
Son como güevos, 50
Los pasados por agua
Son los más tiernos.
   Leandro en tortilla,
Estrellada Hero;
Los pobres perdidos, 55
Los ricos revueltos.
   Los celosos fritos,
Asados los necios,
Los pagados dulces,
Los sin blanca güeros. 60
   El amor es nadador,
Desnudo y desnudador.
   El amar es, pues, nadar,
Desnudar y desnudar.

   Al agua no la temen 65

Ni mis brazos ni espaldas;
Mi gaznate está solo
Reñido con el agua.
    Yo soy pez de la bota,
Yo soy tenca de Illana,   70
Y soy el peje Osorio
Y el barbo de la barba.
    De Sahagún soy cuba,
De San Martín soy taza,
Soy alano de Toro,   75
Y soy de Coca marta.
    Soy mosquito profeso,
Soy aprendiz de rana;
De taberna y de loco
Tengo ramo, que basta.   80
    Zabúllete, chiquilla,
Que por chica y delgada,
Pasarás por anchoba
Para las ensaladas.
    ¡Oh! cómo se chapuzan,   85
Qué sueltos se abalanzan,
Y con el rostro y brazos
Las corrientes apartan.
    Ya nadan de bracete,
Ya solo un brazo sacan;   90
Ya, como segadores,
Cortan la espuma blanca.
    De espaldas dan la vuelta,
Hechos remos las palmas;
A vuelta de la trucha   95
Es la mejor mudanza.
    Llegan al remolino,
Juntos los arrebata,
Las ollas se los sorben,

Las ondas los levantan.   100
   Cuatro bajeles vivos
Parecen en escuadra,
Que al amor, que los lleva,
Le vienen dando caza.
   Ahogose el cuitado,   105
Salada muerte traga;
A coces y a rapiñas
A la orilla le sacan.
   Si a nadar,
Otra vez entrare en el mar,   110
Aunque todos me embelequen,
Las tabernas se me sequen
Y se me llueva el tragar.
   La que nada con poeta,
Con mancebito veleta,   115
Bailarín de castañeta,
Godo y peto, y todo trazas,
Nadará con calabazas.
   La que nada con mirlados,
Carininfos y azufrados,   120
Necios, pobres y hinchados,
No nada entre cuello y ligas,
Esa nada con vejigas.
   La que nada con pelones,
Y trueca dones en dones,   125
El paseo por doblones,
La cadena por la soga,
Esa nadando se ahoga.

   Los amores, madre,
Son como güevos,   130
Los pasados por agua
Son los más tiernos.

Leandro en tortilla,
Estrellada Hero;
Los pobres perdidos,   135
Los ricos revueltos.
    Los celosos fritos,
Asados los necios,
Los pagados dulces,
Los sin paga güeros.   140

Las valentonas, y destreza. Baile

Helas, helas por do vienen
La Corruja y la Carrasca,
A más no poder mujeres,
Hembros de la vida airada.
Mortales de miradura   5
Y ocasionadas de cara,
El andar a lo escocido,
El mirar a lo de l'Hampa.
Llevan puñazos de ayuda
Como perrazos de Irlanda,   10
Avantales voladores,
Chapinitos de en volandas.
Sombreros aprisionados,
Con porquerón en la falda,
Guedejitas de la tienda,   15
Colorcita de la plaza.
Mirándose a lo penoso,
Cercáronse a lo borrasca,
Hubo hocico retorcido,
Hubo agobiado de espaldas.   20
Ganaron la palmatoria
En el corral de las armas,
Y encaramando los hombros.
Avalentaron las sayas.

Corruja   «De las de la hoja   25
               Soy flor y fruto,
               Pues a los talegos
               Tiro de puño.»

Carrasca   «Tretas de montante
               Son cuantas juego;   30

317

A diez manos tomo
Y a dos peleo.»
Luego, acedada de rostro
Y ahigadada de cara,
Un tarazón de mujer,   35
Una brizna de muchacha
Entró en la escuela del juego
Maripizca la Tamaña,
Por quien Ahorcaborricos
Murió de mal de garganta.   40
Presumida de ahorcados
Y preciada de gurapas
Por tener dos en racimo
Y tres patos en el agua,
Con valentía crecida   45
Y con postura bizarra
Desembrazando a los dos,
En esta manera garla:

[Maripizca]   «Llamo uñas arriba
A cuantos llamo,   50
Y al recibo los hiero
Uñas abajo.
»Para el que me embiste
Pobre y en cueros,
Siempre es mi postura   55
Puerta de hierro.»
Rebosando valentía,
Entró Santurde el de Ocaña,
Zaino viene de bigotes
Y atraidorado de barba.   60
Un locutorio de monjas
Es guarnición de la daga,
Que en puribus trae al lado

Con más hierro que Vizcaya.
Capotico de Antemulas,   65
Sombrerico de la carda,
Coleto de por el vivo,
Más probado que la pava.
Entró de capa caída,
Como los valientes andan,   70
Azumbrada la cabeza
Y bebida la palabra:

[Santurde]   «Tajo no le tiro,
Menos le bebo;
Estocadas de vino   75
Son cuantas pego.»
Una rueda se hicieron;
¿Quién duda que de navajas?
Los codos tiraron coces,
Azogáronse las plantas;   80
Trastornáronse los cuerpos,
Desgoznáronse las arcas,
Los pies se volvieron locos,
Endiabláronse las plantas.
No suenan las castañetas,   85
Que de puro grandes, ladran,
Mientras al son se concomen,
Aunque ellos piensan que bailan.
Maripizca tornó el puesto,
Santurde tomó la espada,   90
Con el montante el Maestro
Dice que guarden las caras.

[Maestro]   «De verdadera destreza
Soy Carranza,
Pues con tocas y alfileres   95

Quito espadas.
»Que tengo muy buenos tajos
Es lo cierto,
Y algunos malos reveses
También tengo.   100
»El que quisiere triunfar,
Salga de oros,
Que el salir siempre de espadas
Es de locos.»

Maestro   «Siente ahora la Corruja.»   105

Corruja   «Aquesta venida vaya.»

Maestro   «Jueguen destreza vuarcedes.»

Santurde   «Somos amigos, y basta.»

Maestro   «No es juego limpio brazal.»

Corruja   «Si no es limpio que no valga.»   110

Maestro   «Siente vuarced.»

Santurde   «Que ya siento,
               Y siento pese a su alma.»
               Tornáronse a dividir
               En diferentes escuadras,
               Y denodadas de pies,   115
               Todas juntas se barajan.
               Cuchilladas no son buenas,
               Puntas sí de las joyeras.

[Maestro]   «Entráronme con escudos,

Cansáronme con rodelas;   120
Cobardía es sacar pies,
Cordura sacar moneda.
»Aguardar es de valientes
Y guardar es de discretas,
La herida de conclusión   125
Es la de la faltriquera.»
Cuchilladas no son buenas,
Puntas sí de las joyeras.

[Maestro]   «Ángulo agudo es tomar;
No tomar, ángulo bestia;   130
Quien viene dando a mi casa,
Se viene por línea recta.
»La universal es el dar;
Cuarto círculo, cadena;
Atajo, todo dinero;   135
Rodeo, toda promesa.»
Cuchilladas no son buenas,
Puntas sí de las joyeras.

[Maestro]   «El que quisiere aprender
La destreza verdadera,   140
En este poco de cuerpo
Vive quien mejor la enseña.»

Carta de Escarramán a la Méndez. Jácara

    Ya está guardado en la trena
Tu querido Escarramán,
Que unos alfileres vivos
Me prendieron sin pensar.
Andaba a caza de gangas,   5
Y grillos vine a cazar,
Que en mí cantan como en haza
Las noches de por San Juan.
Entrándome en la bayuca,
Llegándome a remojar   10
Cierta pendencia mosquito,
Que se ahogó en vino y pan,
Al trago sesenta y nueve,
Que apenas dije «Allá va»,
Me trajeron en volandas   15
Por medio de la Ciudad.
Como al ánima del sastre
Suelen los diablos llevar,
Iba en poder de corchetes
Tu desdichado jayán.   20
Al momento me embolsaron
Para más seguridad
En el calabozo fuerte
Donde los Godos están.
Hallé dentro a Cardeñoso,   25
Hombre de buena verdad,
Manco de tocar las cuerdas
Donde no quiso cantar.
Remolón fue hecho cuenta
De la sarta de la Mar,   30
Porque desabrigó a cuatro
De noche en el Arenal.

Su amiga la Coscolina
Se acogió con Cañamar,
Aquel que sin ser San Pedro,   35
Tiene llave universal.
Lobrezno está en la Capilla.
Dicen que le colgarán,
Sin ser día de su Santo,
Que es muy bellaca señal.   40
Sobre el pagar la patente
Nos venimos a encontrar
Yo y Perotudo el de Burgos:
Acabóse la amistad.
Hizo en mi cabeza tantos   45
Un jarro que fue orinal,
Y yo con medio cuchillo
Le trinché medio quijar.
Supiéronlo los señores
Que se lo dijo el Guardián,   50
Gran saludador de culpas,
Un fuelle de Satanás.
Y otra mañana a las once,
Víspera de San Millán,
Con chilladores delante   55
Y envaramiento detrás,
A espaldas vueltas me dieron
El usado centenar,
Que sobre los recibidos
Son ochocientos y más.   60
Fui de buen aire a caballo,
La espalda de par en par,
Cara como del que prueba
Cosa que le sabe mal;
Inclinada la cabeza   65
A Monseñor Cardenal;

Que el rebenque sin ser Papa,
Cría por su potestad.
A puras pencas se han vuelto
Cardo mis espaldas ya,   70
Por eso me hago de pencas
En el decir y el obrar.
Agridulce fue la mano,
Hubo azote garrafal,
El asno era una tortuga,   75
No se podia menear.
Solo lo que tenía bueno
Ser mayor que un Dromedal,
Pues me vieron en Sevilla
Los moros de Mostagán.   80
No hubo en todos los ciento
Azote que echar a mal;
Pero a traición me los dieron:
No ne pueden agraviar.
Porque el pregón se entendiera   85
Con voz de más claridad,
Trajeron por pregonero
Las Sirenas de la Mar.
Envíanme por diez años
¡Sabe Dios quién los verá!   90
A que, dándola de palos,
Agravie toda la Mar.
Para batidor del agua
Dicen que me llevarán,
Y a ser de tanta sardina   95
Sacudidor y batán.
Si tienes honra, la Méndez,
Si me tienes voluntad,
Forzosa ocasión es ésta
En que lo puedes mostrar.   100

Contribúyeme con algo,
Pues es mi necesidad
Tal, que tomo del verdugo
Los jubones que me da;
Que tiempo vendrá, la Méndez,   105
Que alegre te alabarás
Que a Escarramán por tu causa
Le añudaron el tragar.
A la Pava del cercado,
A la Chirinos, Guzmán,   110
A la Zolla y a la Rocha,
A la Luisa y la Cerdán,
A Mama, y a Taita el viejo,
Que en la guarda vuestra están,
Y a toda la gurullada   115
Mis encomiendas darás.
Fecha en Sevilla, a los ciento
De este mes que corre ya,
El menor de tus Rufianes
Y el mayor de los de acá.   120

Relación que hace un jaque de sí, y de otros Jácara

Zampuzado en un banasto
Me tiene su Majestad,
En un callejón Noruega
Aprendiendo a gavilán.
Graduado de tinieblas   5
Pienso que me sacarán
Para ser noche de Invierno,
O en culto algún Madrigal.
Yo, que fui Norte de guros,
Enseñando a navegar   10
A las Godeñas en ansias,
A los buzos en afán,
Enmoheciendo mi vida
Vivo en esta oscuridad,
Monje de zaquizamíes,   15
Ermitaño de un desván.
Un abanico de culpas
Fue principio de mi mal;
Un letrado de lo caro,
Grullo de la puridad.   20
Dios perdone al Padre Esquerra,
Pues fue su Paternidad
Mi suegro más de seis años
En la cuexca de Alcalá,
En el mesón de la ofensa,   25
En el Palacio mortal,
En la casa de más cuartos
De toda la Cristiandad.
Allí me lloró la Guanta,
Cuando por la Salazar,   30
Desporqueroné dos almas
Camino de Brañigal.

Por la Quijano, doncella
De perversa honestidad,
Nos mojamos yo y Vicioso,   35
Sin metedores de paz.
En Sevilla el Árbol seco
Me prendió en el arenal,
Porque le afufé la vida
Al zaino de Santo Horcaz.   40
El zapatero de culpas
Luego me mandó calzar
Botinicos Vizcaínos,
Martillado el cordobán.
Todo cañón, todo guro,   45
Todo mandil jayán,
Y toda iza con greña,
Y cuantos saben fuñar,
Me lloraron soga a soga,
Con inmensa propiedad,   50
Porque llorar hilo a hilo
Es muy delgado llorar.
Porque me metí una noche
A Pascua de Navidad
Y libré todos los presos   55
Me mandaron cercenar.
Dos veces me han condenado
Los señores a trinchar,
Y la una el Maestresala
Tuvo aprestado sitial.   60
Los diez años de mi vida
Los he vivido hacia atrás,
Con más grillos que el Verano,
Cadenas que el Escorial.
Más Alcaides he tenido   65
Que el castillo de Milán,

Más guardas que Monumento,
Más hierros que el Alcorán,
Más sentencias que el Derecho,
Más causas que el no pagar,   70
Más autos que el día del Corpus,
Más registros que el Misal,
Más enemigos que el agua,
Más corchetes que un gabán,
Más soplos que lo caliente,   75
Más plumas que el tornear.
Bien se puede hallar persona
Más jarifa y más galán,
Empero más bien prendida
Yo dudo que se hallará.   80
Todo este mundo es prisiones,
Todo es cárcel y penar:
Los dineros están presos
En la bolsa donde están;
La cuba es cárcel del vino,   85
La troj es cárcel del pan,
La cáscara, de las frutas
Y la espina del rosal.
Las cercas y las murallas
Cárcel son de la ciudad;   90
El cuerpo es cárcel del Alma,
Y de la tierra la mar.
Del Mar es cárcel la orilla,
Y en el orden que hoy están,
Es un cielo de otro cielo   95
Una cárcel de cristal.
Del aire es cárcel el fuelle,
Y del fuego el pedernal;
Preso está el oro en la mina;
Preso el diamante en Ceilán.   100

En la hermosura y donaire
Presa está la libertad,
En la vergüenza los gustos,
Todo el valor en la paz.
Pues si todos están presos,   105
Sobre mi mucha lealtad
Llueva cárceles mi cielo
Diez años sin escampar.
Lloverlas puede si quiere
Con el peine y con mirar,   110
Y hacerme en su Peralvillo
Aljaba de la Hermandad.
Mas volviendo a los amigos,
Todos barridos están,
Los más se fueron en uvas   115
Y los menos en agraz.
Murió en Nápoles Zamora
Ahíto de pelear,
Lloró a cántaros su muerte
Eugenia la Escarramán.   120
Al Limosnero a Zaguirre
Le desjarretó el tragar:
Con el Limosnero pienso
Que se descuidó San Blas.
Mató a Francisco Jiménez   125
Con una aguja un rapaz,
Y murió muerte de sastre,
Sin tijeras ni dedal.
Después que el Padre Perea
Acarició a Satanás   130
Con el alma del corchete
Vaciada a lo Catalán,
A Roma se fue por todo,
En donde la enfermedad

Le ajustició en una cama, 135
Ahorrando de procesar.
Dios tenga en su santa gloria
A Bartolomé Román,
Que aun con Dios, si no le tiene,
Pienso que no querrá estar. 140
Con la grande polvareda,
Perdimos a Don Beltrán,
Y porque paró en Galicia,
Se teme que paró en mal.
Jeldre está en Torre Bermeja; 145
Mal aposentado está,
Que torre de tan mal pelo
A Judas puede guardar.
Ciento por ciento llevaron
Los Inocentes de Orgaz, 150
Peonzas que a puro azote
Hizo el bederre bailar.
Por pedigüeño en caminos,
El que llamándose Juan,
De noche, para las capas, 155
Se confirmaba en Tomás,
Hecho nadador de penca,
Desnudo fue la mitad,
Tocándole pasacalles
El músico de Quien tal... 160
Solo vos habéis quedado,
¡Oh Cardoncha singular!,
Roído del Sepan cuántos...
Y mascado del varal.
Vos, Bernardo entre Franceses, 165
Y entre Españoles Roldán,
Cuya espada es un Galeno
Y una botica la faz,

Pujamiento de garnachas
Pienso que os ha de acabar, 170
Si el avizor y el calcorro
Algún remedio no dan.
A Micaela de Castro
Favoreced y amparad,
Que se come de Gabachos 175
Y no se sabe espulgar.
A las hembras de la caja,
Si con la expulsión fatal
La desventurada Corte
No ha acabado de enviudar, 180
Podéis dar mis encomiendas,
Que al fin es cosa de dar:
Besamanos a las niñas,
Saludes a las de edad.
En Vélez a dos de marzo, 185
Que por los putos de allá
No quiere volver las ancas,
Y no me parece mal.

Epístolas y poemas

A Cristo resucitado (Poema heroico)

(Fragmentos)

Era la noche, y el común sosiego,
Los cuerpos desataba del cuidado,
Y resbalando en luz dormida el fuego,
Mostraba el cielo atento y desvelado:
Y en alto silencio mudo y ciego   5
Descansaba en los campos el ganado,
Sobre las guardas con nocturno ceño,
Las horas negras derramaron sueño.

Temblaron los umbrales y las puertas,
Donde la majestad negra y oscura   10
Las frías desangradas sombras muertas
Oprime en ley desesperada y dura:
Las tres gargantas al ladrido abiertas,
Viendo la nueva luz divina y pura,
Enmudeció Cerbero, y de repente   15
Hondos suspiros dio la negra gente.

Gimió debajo de los pies el suelo,
Desiertos montes de ceniza canos,
Que no merecen ver ojos del cielo:
Y en nuestra amarillez ciegan los llanos.   20
Acrecentaban miedo y desconsuelo
Los roncos perros, que en los reinos vanos
Molestan el silencio y los oídos,
Confundiendo lamentos y ladridos.

En el primer umbral con ceño airada,   25
La guerra estaba en armas escondida:
La flaca enfermedad desamparada,
Con la pobreza vil desconocida;

La hambre perezosa desmayada,
La vejez corva, cana e impedida,   30
El temor amarillo, y los esquivos
Cuidados veladores, vengativos.

Asiste con el rostro ensangrentado
La discordia furiosa, y el olvido
Ingrato, y necio: el sueño descuidado,   35
Yace a la muerte helada parecido;
El llanto con el luto desgreñado,
El engaño traidor apetecido,
La envidia carcomida de su intento,
Que del bien por su mal hace alimento.   40

Mal persuadida y torpe consejera,
La inobediencia trágica y culpada,
Conduce a la señal de su bandera
Gente, en su presunción desesperada:
La soberbia rebelde y comunera,   45
De sí propia se teme despeñada,
Pues cuanto crece más su orgullo fiero,
Se previene mayor despeñadero.

Del pálido esqueleto, que bañado
De amarillez, como el horror teñido,   50
El rostro de sentidos despoblado,
En cóncavas tinieblas dividido;
La guadaña sin filos del pecado.
Lo inexorable del blasón vencido,
Fiera y horrenda en la primera puerta,   55
La formidable muerte estaba muerta.

Las almas en el limbo sepultadas,
Que por confusos senos discurrían,

Después que de los cuerpos desatadas,
En las prestadas sombras se escondían: 60
Las dulces esperanzas prolongadas,
Esforzaban de nuevo y repetían;
Cuando el ángel que habita fuego y penas,
Ardiendo en los volcanes de sus venas,

  Vio de su sangre en púrpura vestido   65
(de honrosos vituperios coronado)
Venir al Redentor esclarecido,
Que fue en la Cruz, para vencer, clavado:
Viole venir, y ciego y afligido,
Al arma, dijo, al arma, y demudado   70
De sí (viéndose) vio igran desventura!,
Quien, cuando quiso Dios, tuvo hermosura.

  «Yo fui muerto por vos, que coronado
Por todos fuisteis muerto, cuando el día
Vio cadáver la luz del Sol dorado.   75
Vos fuisteis precursor de mi alegría,
Le dijo Cristo a Juan, vos degollado
Del que buscaba la garganta mía:
Tanto más que profeta sois al verme,
Cuanto excede el mostrarme al prometerme.   80

  »Seguidme, y poblaréis dichosas sillas,
Que la soberbia me dejó desiertas;
Dejad estas prisiones amarillas,
Eterna habitación de sombras muertas:
Sed parte de mis altas maravillas,   85
Y del cielo estrenad gloriosas puertas».
Dijo, y siguió su voz el coro atento,
Con aplauso de gozo y de contento.

Luego que el ciego y mudo caos dejaron,
Y alto camino de la luz siguieron,   90
Desesperados llantos resonaron,
De las escuadras negras que lo vieron:
Las puertas de su reino aún no miraron,
Que medrosos de Dios no se atrevieron;
Pues viéndole partir, aun mal seguros,   95
Huyeron de los límites oscuros.

Subiéronse a los duros y altos cerros,
Y viendo caminar la escuadra santa,
La invidia les dobló cárcel y hierros,
No pudiendo sufrir grandeza tanta: 100
Reforzoles la pena y los destierros,
Ver su frente pisar con mortal planta;
Los ojos le cubrió muerte enemiga,
Y el aire se vistió de noche antigua.

Llegó Cristo glorioso en sus banderas,   105
En tanto que padece el Rey violento,
Del siempre verde sitio a las riberas,
Que abrió con su pasión y su tormento:
Riéronse a sus pies las primaveras,
Y en hervores de luz encendió el viento;   110
Abriéronse las puertas cristalinas,
Y corrió el paraíso las cortinas.

Hay un lugar en brazos de la aurora,
Que el Oriente se ciñe por guirnalda;
Sus jardineros con Céfiro y Flora,   115
El Sol enzarza en oro su esmeralda:
El cielo de sus plantas enamora,
Jardín Narciso de la varia falda;
Y el comercio de rosas con estrellas,

Enciende en joyas la belleza de ellas.   120

   Por gozar del jardín docta armonía,
Que el pájaro delata en la garganta,
A las tinieblas tiraniza el día
El tiempo, y con sus horas se levanta:
Su luz y no su llama el Sol envía,   125
Y con la sombra de una y otra planta,
Seguro de prisión del hielo frío,
Líquidas primaveras tiembla el río.

   El firmamento duplicado en flores,
Se ve en constelaciones olorosas: 130
Ni mustias envejecen con calores,
Ni caducan con nieves rigurosas:
Naturaleza admira en las labores,
Con respeto anda el aire entre las rosas,
Que solo toca en ellas manso el viento,   135
Lo que basta a roballas el aliento.

   Pródiga ya la luz de su tesoro,
Más claros recibió, que daba,
Acrisolaron los semblantes de oro
Las espléndidas luces que miraba   140
El Redentor siguió el sagrado coro
Al pie de Cristo, y en su cruz se clava;
Saludó Adán la antigua patria, y todos
Después la saludaron de mil modos.

   Apareció la Humanidad sagrada,   145
Amaneciendo llagas en rubíes,
En joya centellante la lanzada,
Los golpes en piropos carmesíes:
La corona de espigas esmaltada,

Sobre el coral mostró cielos turquíes,   150
Explayábase Dios por todo cuanto
Se vio del cuerpo glorioso, y santo.

   En torno las seráficas legiones
Nube ardiente tejieron con sus alas;
Y para recibirle las regiones   155
Líquidas estudiaron nuevas galas;
El hosanna glosado en las canciones,
Se oyó suave en las eternas salas;
Y el cárdeno palacio del Oriente,
Con esfuerzo de luz se mostró ardiente.   160

   La cruz en la mano descubierta,
Con los clavos más rica que rompida;
La gloria la saluda por su puerta,
A las dichosas almas prevenida;
Viendo a la muerte desmayada y muerta,   165
Con nuevo aliento respiró la vida,
Pobláronse los cóncavos del cielo,
Y guareció de su contagio el suelo.

Epístola satírica y censoria contra las costumbres presentes de los castellanos, escrita a don Gaspar de Guzmán, conde de Olivares en su valimiento

No he de callar, por más que con el dedo,
Ya tocando la boca o ya la frente,
Silencio avises o amenaces miedo.

¿No ha de haber un espíritu valiente?
¿Siempre se ha de sentir lo que se dice?   5
¿Nunca se ha de decir lo que se siente?

Hoy, sin miedo que libre escandalice,
Puede hablar el ingenio, asegurado
De que mayor poder le atemorice.

En otros siglos pudo ser pecado   10
Severo estudio, y la verdad desnuda,
Y romper el silencio el bien hablado.

Pues sepa, quien lo niega y quien lo duda,
Que es lengua, la verdad, de Dios severo,
Y la lengua de Dios nunca fue muda.   15

Son, la verdad y Dios, Dios verdadero:
Ni eternidad divina los separa,
Ni de los dos alguno fue primero.

Si Dios a la verdad se adelantara,
Siendo verdad, implicación hubiera   20
En ser, y en que verdad de ser dejara.

La justicia de Dios es verdadera,
Y la misericordia, y todo cuanto

Es Dios, todo ha de ser verdad entera.

Señor excelentísimo: mi llanto   25
Ya no consiente márgenes ni orillas:
Inundación será la de mi canto.

Ya sumergirse miro mis mejillas,
La vista por dos urnas derramada
Sobre las aras de las dos Castillas.   30

Yace aquella virtud desaliñada
Que fue, si rica menos, más temida,
En vanidad y en sueño sepultada.

Y aquella libertad esclarecida
Que, en donde supo hallar honrada muerte,   35
Nunca quise tener más larga vida.

Y, pródiga del alma, nación fuerte,
Contaba por afrenta de los años
Envejecer en brazos de la suerte.

Del tiempo el ocio torpe, y los engaños   40
Del paso de las horas y del día,
Reputaban los nuestros por extraños.

Nadie contaba cuánta edad vivía,
Sino de qué manera; ni aun un hora
Lograba sin afán su valentía.   45

La robusta virtud era señora,
Y sola dominaba al pueblo rudo:
Edad, si mal hablada, vencedora.

El temor de la mano daba escudo
Al corazón que, en ella confiado,   50
Todas las armas despreció desnudo.

Multiplicó en escuadras un soldado
Su honor precioso, su ánimo valiente,
De sola honesta obligación armado.

Y, debajo del cielo, aquella gente,   55
Si no a más descanso, a más honroso
Sueño entregó los ojos, no la mente.

Hilaba la mujer para su esposo
La mortaja primero que el vestido;
Menos le vio galán que peligroso.   60

Acompañaba el lado del marido
Más veces en la hueste que en la cama.
Sano le aventuró, vengole herido.

Todas matronas, y ninguna dama;
Que nombres del halago cortesano   65
No admitió lo severo de su fama.

Derramado y sonoro el Océano,
Era divorcio de las rubias minas
Que usurparon la paz del pecho humano.

Ni los trujo costumbres peregrinas   70
El áspero dinero, ni el Oriente
Compró la honestidad con piedras finas.

Joya fue la virtud pura y ardiente;
Gala el merecimiento y alabanza;

Solo se codiciaba lo decente.   75

No de la pluma dependió la lanza,
Ni el cántabro con cajas y tinteros
Hizo el campo heredad, sino matanza.

Y España, con legítimos dineros,
No mendigando el crédito a Liguria,   80
Más quiso los turbantes que los ceros.

Menos fuera la pérdida y la injuria
Si se volvieran Muzas los asientos:
Que esta usura es peor que aquella furia.

Caducaban las aves en los vientos   85
Y expiraba decrépito el venado:
Grande vejez duró en los elementos.

Que el vientre, entonces bien disciplinado,
Buscó satisfacción y no hartura,
Y estaba la garganta sin pecado.   90

Del mayor infanzón de aquella pura
República de grandes hombres era
Una vaca sustento y armadura.

No había venido, al gusto linsojera,
La pimienta arrugada, ni del clavo   95
La adulación fragante forastera.

Carnero y vaca fue principio y cabo,
Y con rojos pimientos y ajos duros,
También como el señor comió el esclavo.

Bebió la sed los arroyuelos puros;   100
Después mostraron del carquesio a Baco
El camino los brindis mal seguros.

El rostro macilento, el cuerpo flaco,
Eran recuerdo del trabajo honroso,
Y honra y provecho andaban en un saco.   105

Pudo sin miedo un español velloso
Llamar a los tudescos «bacanales»,
Y al holandés «hereje y alevoso».

Pudo acusar los celos desiguales
A la Italia; pero hoy de muchos modos   110
Somos copias, si son originales.

Las descendencias gastan muchos godos,
Todos blasonan, nadie los imita,
Y no son sucesores, sino apodos.

Vino el betún precioso que vomita   115
La ballena, o la espuma de las olas,
Que el vicio, no el olor, nos acredita.

Y quedaron las huestes españolas
Bien perfumadas, pero mal regidas,
Y alhajas las que fueron pieles solas.   120

Estaban las hazañas mal vestidas,
Y aún no se hartaba de buriel y lana
La vanidad de fembras presumidas.

A la seda pomposa siciliana
Que manchó ardiente múrice, el romano   125

Y el oro hicieron áspera y tirana.

   Nunca al duro español supo el gusano
Persuadir que vistiese su mortaja,
Intercediendo el Can por el verano.

   Hoy desprecia el honor al que trabaja,   130
Y entonces fue el trabajo ejecutoria,
Y el vicio graduó la gente baja.

   Pretende el alentado joven gloria
Por dejar la vacada sin marido,
Y de Ceres ofende la memoria.   135

   Un animal a la labor nacido
Y símbolo celoso a los mortales,
Que a Jove fue disfraz y fue vestido;

   que un tiempo endureció manos reales,
Y detrás de él los cónsules gimieron,   140
Y rumia luz en campos celestiales,

   ¿por cuál enemistad se persuadieron
A que su apocamiento fuese hazaña,
Y a las mieses tan grande ofensa hicieron?

   ¡Qué cosa es ver un infanzón de España   145
Abreviado en la silla a la jineta,
Y gastar un caballo en una caña!

   Que la niñez al gallo le acometa
Con semejante munición apruebo;
Mas no la edad madura y la perfeta.   150

Ejercite sus fuerzas el mancebo
En frentes de escuadrones; no en la frente
Del útil bruto la asta del acebo.

El trompeta le llame diligente,
Dando fuerza de ley al viento vano,   155
Y al son esté el ejército obediente.

¡Con cuánta majestad llena la mano
La pica, y el mosquete carga el hombro,
Del que se atreve a ser buen castellano!

Con asco entre las otras gentes nombro   160
Al que de su persona, sin decoro,
Más quiere nota dar que dar asombro.

Jineta y caña son contagio moro;
Restitúyanse justas y torneos,
Y hagan paces las capas con el toro.   165

Pasadnos vos de juegos a trofeos;
Que solo grande rey y buen privado
Pueden ejecutar estos deseos.

Vos, que hacéis repetir siglo pasado
Con desembarazarnos las personas   170
Y sacar a los miembros de cuidado;

Vos distes libertad con las valonas
Para que sean corteses las cabezas,
Desnudando el enfado a las coronas.

Y, pues vos enmendastes las cortezas,   175
Dad a la mejor parte medicina:

Vuélvanse los tablados fortalezas.

Que la cortés estrella que os inclina
A privar, sin intento y sin venganza,
Milagro que a la invidia desatina,   180

Tiene por sola bienaventuranza
El reconocimiento temeroso:
No presumida y ciega confianza.

Y si os dio el ascendiente generoso
Escudos, de armas y blasones llenos,   185
Y por timbre el martirio glorioso,

Mejores sean por vos los que eran buenos
Guzmanes, y la cumbre desdeñosa
Os muestre a su pesar campos serenos.

Lograd, señor, edad tan venturosa;   190
Y cuando nuestras fuerzas examina
Persecución unida y belicosa,

La militar, valiente disciplina
Tenga más platicantes que la plaza;
Descansen tela falsa y tela fina.   195

Suceda a la marlota la coraza,
Y si el Corpus con danzas no los pide,
Velillos y oropel no hagan baza.

El que en treinta lacayos los divine,
Hace suerte en el toro, y con un dedo   200
La hace en él la vara que los mide.

Mandallo ansí; que aseguraros puedo
Que habéis de restaurar más que Pelayo,
Pues valdrá por ejércitos el miedo,
Y os verá el cielo administrar su rayo.   205

Salmos

Salmo II

¡Cuán fuera voy, Señor, de tu rebaño,
Llevado del Antojo y gusto mío!
Llévame mi esperanza viento frío,
Y a mí con ella disfrazado engaño.
Un año se me va tras otro año: 5
Y yo más duro y pertinaz porfío
Por mostrarme más verde mi Albedrío,
La torcida raíz de tanto daño.
Llámasme, gran Señor: nunca respondo.
Sin duda mi respuesta solo aguardas,   10
Pues tanto mi remedio solicitas.
Mas, ¡ay!, que solo temo en Mar tan hondo,
Que lo que en castigarme ahora aguardas,
Doblando los castigos lo desquitas.

Salmo VI

¡Que llegue a tanto ya la maldad mía!
Aun Tú te espantarás, que tanto sabes,
Eterno Autor del día,
En cuya voluntad están las llaves
Del cielo y de la tierra.   5
Como que, porque sé por experiencia
De la mucha clemencia
Que en tu pecho se encierra,
Que ayudas a cualquier necesitado,
Tan ciego estoy a mi mortal enredo,   10
Que no te oso llamar, Señor, de miedo
De que querrás sacarme de pecado.
¡Oh baja servidumbre:
Que quiero que me queme y no me alumbre
La Luz que la da a todos!   15
¡Gran cautiverio es éste en que me veo!
¡Peligrosa batalla
Mi voluntad me ofrece de mil modos!
No espero libertad, ni la deseo,
De miedo de alcanzalla.   20
¿Cuál infierno, Señor, mi Alma espera
Mayor que aquesta sujeción tan fiera?

Salmo VII

¿Dónde Pondré, Señor, mis tristes ojos
Que no vea tu poder divino y santo?
Si al cielo los levanto,
Del Sol en los ardientes Rayos Rojos
Te miro hacer asiento;   5
Si al manto de la noche soñoliento,
Leyes te veo poner a las estrellas;
Si los bajo a las tiernas plantas bellas,
Te veo pintar las flores;
Si los vuelvo a mirar los pecadores   10
Que tan sin rienda viven como vivo,
Con Amor excesivo,
Allí hallo tus brazos ocupados
Más en sufrir que en castigar pecados.

Salmo IX

Cuando me vuelvo atrás a ver los años
Que han nevado la edad florida mía;
Cuando miro las redes, los engaños
Donde me vi algún día,
Más me alegro de verme fuera dellos   5
Que un tiempo me pesó de padecellos.
Pasa Veloz del mundo la figura,
Y la muerte los pasos apresura;
La vida fugitiva nunca para,
Ni el Tiempo vuelve atrás la anciana cara.   10
A llanto nace el hombre, y entre tanto
Nace con el llanto
Y todas las miserias una a una,
Y sin saberlo empieza la Jornada
Desde la primer cuna   15
A la postrera cama rehusada;
Y las más veces, ¡oh, terrible caso!,
Suele juntarlo todo un breve paso
Y el necio que imagina que empezaba
El camino, le acaba.   20
¡Dichoso el que dispuesto ya a pasalle,
Le empieza a andar con miedo de acaballe!
Solo el necio mancebo,
Que corona de flores la cabeza,
Es el que solo empieza   25
Siempre a vivir de nuevo.
¡Dichoso aquel que Vive de tal suerte
Que el sale a recibir su misma muerte!

Salmo X

Trabajos dulces, dulces penas mías,
Pasadas alegrías
Que atormentáis ahora mi memoria,
Dulce en un tiempo, sí, mas breve gloria
Gozada en años y perdida en días; 5
Tarde y sin fruto derramados llantos,
Si sois castigo de los cielos santos,
Con vosotros me alegro y me enriquezco,
Porque sé de mí mismo que os merezco,
Y me consuelo más que me lastimo; 10
Mas, si regalos sois, más os estimo,
Mirando que en el suelo,
Sin merecerlo, me regala el cielo.
Perdí mi libertad, mi bien con ella:
No dejó en todo el cielo alguna Estrella 15
Que no solicitase,
Entre llantos, la voz de mi querella,
¡tanto sentí mirar que me dejase!
Mas ya, ver mi dolor, me he consolado
De haber mi bien perdido, 20
Y en parte de perderle me he holgado,
Por interés de haberle conocido.

Salmo XIV

Nególe a la razón el apetito
El debido respeto,
Y es lo peor que piensa que un delito
Tan grave puede a Dios estar secreto,
Cuya sabiduría   5
La oscuridad del corazón del hombre
Desde el cielo mayor, la lee más claro.
Yace esclava del cuerpo la alma mía,
Tan olvidada ya del primer nombre
Que no teme otra cosa   10
Sino perder aqueste estado infame,
Que debiera temer tan solamente,
Pues la razón más viva y más forzosa
Que me consuela y fuerza a que la llame,
Aunque no se arrepiente,   15
Es que está ya tan fea,
Que se ha de arrepentir cuando se vea.
Solo me da cuidado
Ver que esta conversión tan conocida
Ha de venir a ser agradecida   20
Más que a mi voluntad, a mi pecado;
Pues ella no es tan buena
Que desprecie por mala tanta pena,
Y aunque él es vil, y de dolor tan lleno
Que al infierno le igualo,   25
Solo tiene de bueno
El dar conocimiento de que es malo.

Salmo XVII

Miré los muros de la Patria mía,
Si un tiempo fuertes, ya desmoronados,
De larga edad y de vejez cansados,
Dando obediencia al tiempo en muerte fría.

Salíme al campo y vi que el Sol bebía   5
Los arroyos del hielo desatados,
Y del monte quejosos los ganados,
Porque en sus sombras dio licencia al día.

Entré en mi casa y vi que, de cansada,
Se entregaba a los años por despojos.   10
Hallé mi espada de la misma suerte;

Mi vestidura, de servir gastada;
Y no hallé cosa en que poner los ojos
Donde no viese imagen de mi muerte.

Salmo XIX

¡Cómo de entre mis manos te resbalas!
¡Oh, cómo te deslizas, Vida mía!
¡Qué mudos pasos traes, oh muerte fría,
Pues con callado pie todo lo igualas!

Ya cuelgan de mi muro tus escalas,   5
Y es tu puerta mayor mi cobardía;
Por vida nueva tengo cada día,
Que el tiempo cano nace entre las alas.

¡Oh mortal condición! ¡Oh dura suerte!
¡Que no puedo querer ver la mañana   10
Sin temor de si quiero ver mi muerte!

Cualquier instante de la vida humana
Es un nuevo argumento que me advierte
Cuán frágil es, cuán mísera, y cuán vana.

Salmo XXI

Las Aves que, rompiendo el seno a Eolo,
Vuelan campos Diáfanos ligeras;
Moradoras del Bosque, incultas fieras,
Sujetó tu piedad al hombre solo.

La Hermosa lumbre del lozano Apolo   5
Y el grande cerco de las once esferas
Le sujetaste, haciendo en mil maneras
Círculo firme en contrapuesto Polo.

Los elementos que dejaste asidos
Con un brazo de Paz y otro de guerra,   10
La negra habitación del hondo abismo,

Todo lo sujetaste a sus sentidos;
Sujetaste al hombre Tú en la tierra,
Y huye de sujetarse él a sí mismo.

Salmo XXII

Pues le quieres hacer el monumento
En mis entrañas a tu cuerpo amado,
Limpia, suma limpieza, de pecado,
Por tu gloria y mi bien, el aposento.

Si no, retratarás tu nacimiento,   5
Pues entrado en mi pecho disfrazado,
Te verán en Pesebre acompañado
De brutos Apetitos que en mí siento.

Hoy te entierras en mí con propia mano,
Que soy sepulcro, aunque a tu ser estrecho,   10
Indigno de tu cuerpo soberano.

Tierra te cubre en mí, de tierra hecho;
La conciencia me presta su gusano;
Mármol para cubrirte dé mi pecho.

Salmo XXIII

¿Alégrate, Señor, el Ruido ronco
Deste Recibimiento que miramos?
Pues mira que hoy, mi Dios, te dan los Ramos
Por darte el Viernes más desnudo el tronco.

Hoy te reciben con los Ramos bellos;   5
Aplauso sospechoso, si se advierte;
Pues de aquí a poco, para darte muerte,
Te irán con armas a buscar entre ellos.

Y porque la malicia más se arguya
De nación a su Propio Rey tirana,   10
Hoy te ofrecen sus capas, y mañana
Suertes verás echar sobre la tuya.

Salmo XXVI

Después de tantos ratos mal gastados,
Tantas oscuras noches mal dormidas;
Después de tantas quejas repetidas,
Tantos suspiros tristes derramados;

Después de tantos gustos mal logrados   5
Y tantas Justas penas merecidas;
Después de tantas lágrimas perdidas
Y tantos pasos sin concierto dados.

Solo se queda entre las manos mías
De un engaño tan vil conocimiento,   10
Acompañado de esperanzas frías.

Y vengo a conocer que en el contento
Del mundo, compra el Alma en tales días,
Con gran trabajo, su arrepentimiento.

Libros a la carta

A la carta es un servicio especializado para

empresas,

librerías,

bibliotecas,

editoriales

y centros de enseñanza;

y permite confeccionar libros que, por su formato y concepción, sirven a los propósitos más específicos de estas instituciones.

Las empresas nos encargan ediciones personalizadas para marketing editorial o para regalos institucionales. y los interesados solicitan, a título personal, ediciones antiguas, o no disponibles en el mercado; y las acompañan con notas y comentarios críticos.

Las ediciones tienen como apoyo un libro de estilo con todo tipo de referencias sobre los criterios de tratamiento tipográfico aplicados a nuestros libros que puede ser consultado en Linkgua-ediciones.com.

Linkgua edita por encargo diferentes versiones de una misma obra con distintos tratamientos ortotipográficos (actualizaciones de carácter divulgativo de un clásico, o versiones estrictamente fieles a la edición original de referencia).

Este servicio de ediciones a la carta le permitirá, si usted se dedica a la enseñanza, tener una forma de hacer pública su interpretación de un texto y, sobre una versión digitalizada «base», usted podrá introducir interpretaciones del texto fuente. Es un tópico que los profesores denuncien en clase los desmanes de una edición, o vayan comentando errores de interpretación de un texto y esta es una solución útil a esa necesidad del mundo académico.

Asimismo publicamos de manera sistemática, en un mismo catálogo, tesis doctorales y actas de congresos académicos, que son distribuidas a través de nuestra Web.

El servicio de «libros a la carta» funciona de dos formas.

1. Tenemos un fondo de libros digitalizados que usted puede personalizar en tiradas de al menos cinco ejemplares. Estas personalizaciones pueden ser de todo tipo: añadir notas de clase para uso de un grupo de estudiantes,

introducir logos corporativos para uso con fines de marketing empresarial, etc. etc.

2. Buscamos libros descatalogados de otras editoriales y los reeditamos en tiradas cortas a petición de un cliente.